Deutsch

5./6. Klasse

Deutsche Grammatik 2

W0273045

Satzglieder und
Satzarten

Deutsch

5./6. Klasse

Achim Groß

Deutsche Grammatik 2

Satzglieder und Satzarten

FALKEN

I N H A L T

Die Satzarten

WARUM MUSS ICH DENN WISSEN, WELCHE SATZARTEN ES GIBT?

Die Einleitung

Hallo, hier ist MacCool! Ich möchte mich erst einmal vorstellen. Ich werde euch durch das gesamte Buch begleiten und euch überall helfen, wo es schwierig wird. Du wirst mich in diesem Buch in ganz verschiedenen Rollen finden. Mal helfe ich dir, Regeln einfach zu erklären, ein anderes Mal tauche ich als Hauptfigur in den Übungen auf. Du findest nämlich in dieser Lernhilfe eine spannende und lustige Wikingergeschichte, in der ich natürlich die Hauptrolle spiele. Willst du wissen, wie sie zu Ende geht, mußt du alle Kapitel durcharbeiten. Dann kannst du mich bei meinen Abenteuern begleiten.

Doch nun zu unserer Frage in der Überschrift. Gehst du vielleicht in die 5. oder 6. Klasse einer Realschule oder eines Gymnasiums? Hast du in der Schule nicht verstanden, was ein Subjekt, ein Prädikat und ein Objekt ist? Weißt du nie so recht, ob du die Kommas richtig setzt? Haupt- und Nebensätze sind für dich Dinge von einem fremden Planeten? Dann bist du bei mir genau an der richtigen Adresse. Ich helfe dir auf den folgenden Seiten, endlich einmal Ordnung in die Grundbegriffe der deutschen Grammatik zu bringen.

Denke nur daran, wie oft dir diese Begriffe in der Schule, ob im Deutsch- oder im Fremdsprachenunterricht, begegnen! Immer wieder reden eure Lehrer mit diesen fürchterlichen lateinischen Wörtern, deren Bedeutung du nicht immer verstanden hast. Dies soll nun anders werden. Ich habe versucht, für alle lateinischen Ausdrücke deutsche Begriffe zu verwenden, die du bestimmt besser verstehst.

Wenn du einmal weißt, was Subjekte und Prädikate oder Haupt- und Nebensätze sind, wirst du in den weiterführenden Klassen, in denen du eine zweite Sprache lernst, viel weniger Schwierigkeiten haben.

Die richtige Kenntnis der Satzarten und der Satzglieder wird dir auch beim Aufsatzschreiben in der Schule helfen. Du wirst sogar in der Lage sein, schwierigere und längere Textpassagen selbständig und fehlerfrei zu verfassen.
Die Grundlagen der deutschen Zeichensetzung basieren ebenfalls auf den Kenntnissen und dem Unterscheiden der Satzarten. Auch in diesem Bereich werde ich dir also helfen.
Du siehst, es gibt viele Gründe, mit mir an die Arbeit zu gehen.

Die Kinder sind noch immer erstaunt darüber, wie schick ihr Lehrer heute gekleidet ist

Wie arbeite ich nun mit diesem Buch?

Regeln und Begriffe

Jedes Kapitel ist nach dem gleichen Schema aufgebaut. Als erstes werden dir die wichtigsten Regeln und Begriffe erklärt. Auf der Randspalte findest du die Regeln noch einmal kurz zusammengefaßt, damit du sie dir besser einprägen kannst. Wichtig: Die Regeln auf den Randspalten sollen dir lediglich das Lernen erleichtern; es reicht nicht aus, nur sie zu lesen. Arbeite immer erst den ausführlichen Grammatikteil durch!

Übungen und Tests

Auf den folgenden Seiten findest du passende Übungen zu den vorher erklärten Regeln. Sie sind in „A“ (leicht) und „B“ (schwieriger) unterteilt. Die meisten Übungen sind so gestaltet, daß du sie im Buch bearbeiten kannst. Im Lösungsteil kannst du nachschlagen, ob du gut gearbeitet hast. Hast du eine Übung oder einen Grammatikteil nicht richtig verstanden, arbeite nicht weiter, sondern wiederhole das Kapitel noch einmal. Tests und ihre Punktzahlen am Ende eines Kapitels sagen dir dabei genau, wie du deine Leistung jeweils einschätzen kannst.

Die wichtigsten Bausteine einer Doppelseite

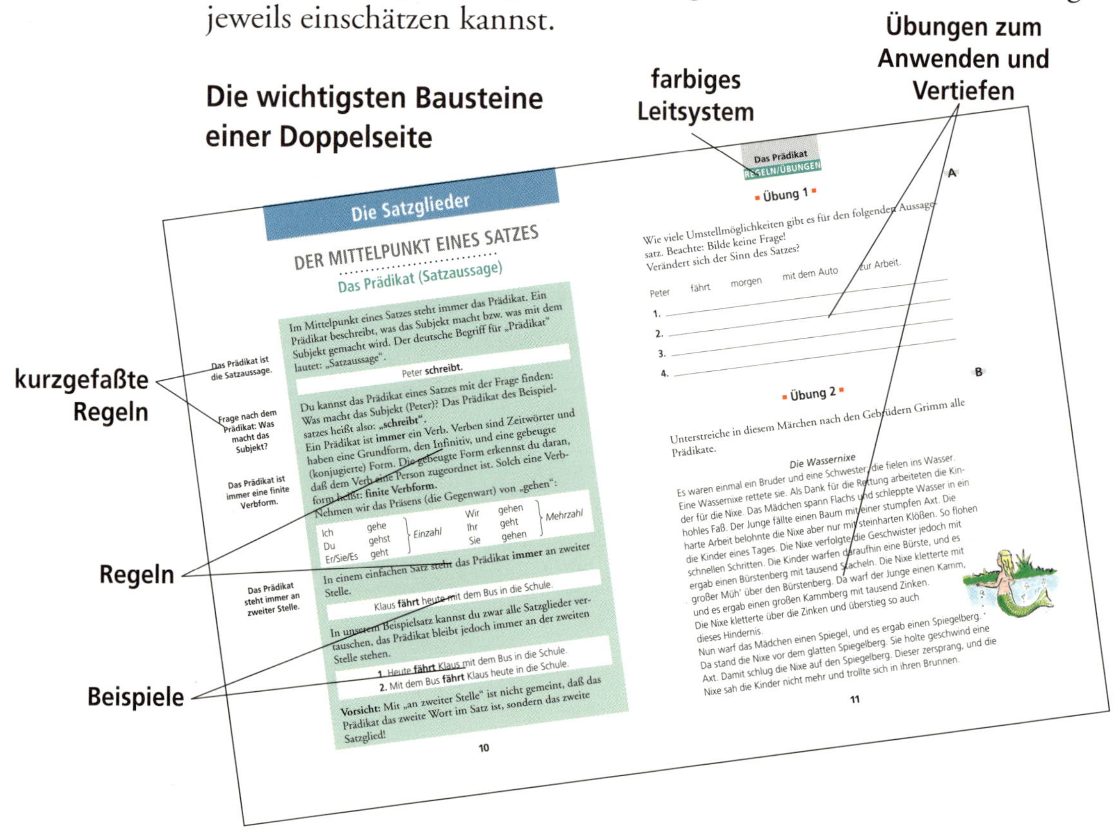

Wichtige Tips

Ein paar wichtige Tips möchte ich dir noch geben. Versuche, das gesamte Buch durchzuarbeiten und nicht nur bestimmte Kapitel! In einigen Kapiteln wird immer wieder Bezug auf zurückliegende Erläuterungen genommen, die wichtig sind. Arbeite außerdem langsam, aber regelmäßig mit dieser Lernhilfe. Das ist vorteilhafter, als wenn du bloß ein bestimmtes Kapitel, nur weil du es gerade in der Schule besprichst, bearbeitest. Wenn du trotz der deutschen Erklärungen Schwierigkeiten mit den vielen Fachausdrücken hast, schaue hinten im Verzeichnis der grammatischen Grundbegriffe nach. Dort werden dir, alphabetisch geordnet, alle Begriffe noch einmal erklärt.

Doch nun wollen wir endlich anfangen. Ich bin schon ganz aufgeregt. Komm mit mir in die Welt der deutschen Grammatik!

MacCool

DER MITTELPUNKT EINES SATZES

Das Prädikat (Satzaussage)

Das Prädikat ist die Satzaussage.

Im Mittelpunkt eines Satzes steht immer das Prädikat. Ein Prädikat beschreibt, was das Subjekt macht bzw. was mit dem Subjekt gemacht wird. Der deutsche Begriff für „Prädikat" lautet: „Satzaussage".

Peter **schreibt.**

Frage nach dem Prädikat: Was macht das Subjekt?

Du kannst das Prädikat eines Satzes mit der Frage finden: Was macht das Subjekt (Peter)? Das Prädikat des Beispielsatzes heißt also: **„schreibt".**

Das Prädikat ist immer eine finite Verbform.

Ein Prädikat ist **immer** ein Verb. Verben sind Zeitwörter und haben eine Grundform, den Infinitiv, und eine gebeugte (konjugierte) Form. Die gebeugte Form erkennst du daran, daß dem Verb eine Person zugeordnet ist. Solch eine Verbform heißt: **finite Verbform.**

Nehmen wir das Präsens (die Gegenwart) von „gehen":

Ich	gehe		Wir	gehen	
Du	gehst	*Einzahl*	Ihr	geht	*Mehrzahl*
Er/Sie/Es	geht		Sie	gehen	

Das Prädikat steht immer an zweiter Stelle.

In einem einfachen Satz steht das Prädikat **immer** an zweiter Stelle.

Klaus **fährt** heute mit dem Bus in die Schule.

In unserem Beispielsatz kannst du zwar alle Satzglieder vertauschen, das Prädikat bleibt jedoch immer an der zweiten Stelle stehen.

1. Heute **fährt** Klaus mit dem Bus in die Schule.
2. Mit dem Bus **fährt** Klaus heute in die Schule.

Vorsicht: Mit „an zweiter Stelle" ist nicht gemeint, daß das Prädikat das zweite Wort im Satz ist, sondern das zweite Satzglied!

▪ Übung 1 ▪

A

Wie viele Umstellmöglichkeiten gibt es für den folgenden Aussagesatz. Beachte: Bilde keine Frage!
Verändert sich der Sinn des Satzes?

Peter fährt morgen mit dem Auto zur Arbeit.

1. ______________________________

2. ______________________________

3. ______________________________

4. ______________________________

▪ Übung 2 ▪

B

Unterstreiche in diesem Märchen nach den Gebrüdern Grimm alle Prädikate.

Die Wassernixe

Es waren einmal ein Bruder und eine Schwester; die fielen ins Wasser. Eine Wassernixe rettete sie. Als Dank für die Rettung arbeiteten die Kinder für die Nixe. Das Mädchen spann Flachs und schleppte Wasser in ein hohles Faß. Der Junge fällte einen Baum mit einer stumpfen Axt. Die harte Arbeit belohnte die Nixe aber nur mit steinharten Klößen. So flohen die Kinder eines Tages. Die Nixe verfolgte die Geschwister jedoch mit schnellen Schritten. Die Kinder warfen daraufhin eine Bürste, und es ergab einen Bürstenberg mit tausend Stacheln. Die Nixe kletterte mit großer Müh' über den Bürstenberg. Da warf der Junge einen Kamm, und es ergab einen großen Kammberg mit tausend Zinken.
Die Nixe kletterte über die Zinken und überstieg so auch dieses Hindernis.
Nun warf das Mädchen einen Spiegel, und es ergab einen Spiegelberg. Da stand die Nixe vor dem glatten Spiegelberg. Sie holte geschwind eine Axt. Damit schlug die Nixe auf den Spiegelberg. Dieser zersprang, und die Nixe sah die Kinder nicht mehr und trollte sich in ihren Brunnen.

Vollverb, Hilfsverb, Modalverb

Die verschiedenen Verbformen

Prädikate können mit Vollverben, Hilfsverben oder Modalverben gebildet werden.

Ein einteiliges Prädikat wird immer aus einem Vollverb gebildet.

Leider besteht das Prädikat nicht immer nur aus einem Wort wie in unserem Beispiel auf Seite 10. Wir unterscheiden drei Verbformen, mit denen du Prädikate bilden kannst:

- **Vollverben** wie laufen, gehen, schreiben usw.
- **Hilfsverben** wie „sein“, „haben“ und „werden“
- **Modalverben** wie können, dürfen, mögen, sollen usw.
- Hinzu kommen *zusammengesetzte Verben* wie einkaufen, ankommen usw.

Wird das **Prädikat** nur mit einem Vollverb gebildet, ist es immer **einteilig.**

Peter **geht** in die Schule.

Bildest du das Prädikat jedoch mit den anderen Verbformen, erhältst du immer ein **mehrteiliges Prädikat.** Du mußt die finite Verbform ergänzen. Dies möchte dir MacCool an drei Beispielen zeigen:

1. Peter **ist** in die Schule **gegangen.**
   Hier hat MacCool das Hilfsverb „ist“ durch ein Partizip (3. Stammform) ergänzt.
2. Peter **muß** in die Schule **gehen.**
   Das Modalverb „muß“ wird in diesem Satz mit einer Grundform, dem Infinitiv, erweitert.
3. Peter **ruft** seine Mutter **an.**
   Das zusammengesetzte Verb „anrufen“ mußte MacCool hier wieder trennen, so daß er ein mehrteiliges Prädikat erhalten hat.

In einem mehrteiligen Prädikat steht die Ergänzung immer am Ende.

Mehrteilige Prädikate liegen dir immer dann vor, wenn du Hilfs-, Modal- oder zusammengesetzte Verben benutzt. Auch wenn du in anderen Zeiten als dem Präsens schreibst, mußt du mehrteilige Prädikate benutzen.

Wichtig: Kommt in einem Satz ein mehrteiliges Prädikat vor, steht die finite Verbform immer an zweiter Stelle, die Ergänzung immer am Ende des Satzes (Verbklammer).

▪ Übung 3 ▪

A

Unterstreiche in der Bildergeschichte die mehrteiligen Prädikate.

Hilfsverben und Modalverben benötigen Ergänzungen

Verschiedene Ergänzungsmöglichkeiten

Hilfsverben und Modalverben hast du bereits auf Seite 12 kennengelernt. Sie benötigen immer eine Ergänzung. MacCool möchte dir gerne zeigen, welche weiteren Möglichkeiten es gibt, die Hilfsverben „sein“ und „haben“ z. B. zu ergänzen.

Peter und Klaus haben ______________?

Du siehst, daß der Beispielsatz so keinen Sinn ergibt. Wir müssen das Hilfsverb ergänzen. MacCool kennt zwei weitere Möglichkeiten, die er dir gerne zeigen möchte:

Die Hilfsverben „sein“ und „haben“ können auch mit Substantiven und Adjektiven erweitert werden.

1. Peter und Klaus haben keine **Lust.**
   Ergänzung durch ein Hauptwort
2. Peter und Klaus sind **faul.**
   Ergänzung durch ein Wiewort

Von Seite 12 weißt du ja noch, daß „sein“ und „haben“ auch durch Partizipien ergänzt werden können. Modalverben werden im Unterschied zu den Hilfsverben jedoch immer nur mit Infinitiven erweitert.

Zusammenfassung

1. Das einteilige Prädikat ist immer ein Vollverb, wie „gehen“, „laufen“, „springen“ usw. In einem Aussagesatz steht es an der zweiten Stelle.
2. Das mehrteilige Prädikat besteht aus einer finiten Verbform und einer Ergänzung, der infiniten Verbform. Die infinite (unveränderliche) Form steht immer am Ende des Satzes.
3. Alle Hilfsverben und Modalverben benötigen immer eine Ergänzung.

▪ Übung 4 ▪

Nun wollen wir prüfen, ob du das auf der gegenüberliegenden Seite Gelernte auch anwenden kannst! Das Verb „sein“ ist falsch ergänzt worden. Kannst du die Ergänzungen richtig zuordnen?

Beispiel: 1 und l gehören zusammen.

1. Griechenland ist	a. kleine Tavernen und Restaurants.
2. Das Wasser ist	b. ein typisch griechisches Getränk.
3. Der Ouzo ist	c. tiefblau und kristallklar.
4. Die Griechen sind	d. kein Grieche.
5. Überall sind	e. sehr gastfreundlich.
6. Das Klima ist	f. sauber und gepflegt.
7. Das griechische Essen ist	g. in keinem guten Zustand.
8. Die Strände sind	h. sehr lecker und leicht bekömmlich.
9. Die ursprünglichen Dörfer sind	i. klein, aber sehr gemütlich.
10. Die Hotels auf Samos z. B. sind	j. im Landesinnern der Inseln.
11. Die Straßen auf den Inseln sind	k. sehr warm und angenehm.
12. MacCool ist	l. ein wunderschönes Land.

Ein Traum im Mittelmeer: die griechische Insel Kos

A

▪ Übung 5 ▪

In dieser kleinen Geschichte von Johann Peter Hebel sollst du die Prädikate ergänzen, die durch Symbole einer Geheimschrift ersetzt wurden. Die Übersetzung findest du auf der gegenüberliegenden Seite. Berücksichtige die richtige Zeitform!

Der kluge Richter

Es war einmal im Morgenlande. Ein reicher Mann  eine beträchtliche Summe Geld, die er in ein Tuch 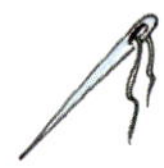. Er  daher seinen Verlust  und  dem Finder 100 Taler. Da kam ein ehrlicher Mann und sagte: „Dein Geld  ich . So 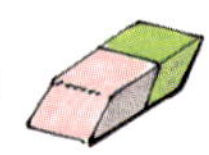 dein Eigentum ." Der reiche Mann machte ein fröhliches Gesicht, weil er sein Geld wiederhatte. Er zählte sein Geld und dachte nach, wie er den ehrlichen Finder um seine Belohnung bringen könnte. „Guter Freund",  er hierauf, „es waren 800 Taler in dem Tuch. Ich  aber nur 700 Taler. Ihr habt euch wohl schon die Belohnung von 100 Talern genommen?" Das war nicht schön, und der ehrliche Finder , daß er das Päckchen so gefunden habe, wie er es bringe. So ging der Streit hin und her, und schließlich kam es so, wie es kommen mußte. Die beiden  vor den Richter. Beide  bei ihren Behauptungen, so daß guter Rat teuer . Der Richter, der die Boshaftigkeit des reichen Mannes wohl erkannt hatte, sprach nun: „Wenn einer von euch 800 Taler , der andere aber nur ein Päckchen von 700 Talern , so kann das Geld des letzteren nicht das sein, auf welches der erstere ein Recht hat. Du, ehrlicher Finder,  also das Geld in gute Verwahrung, bis der , der nur 700 Taler . Und du geduldest dich, bis sich derjenige meldet, der deine 800 Taler ." So  der Richter, und dabei blieb es.

Die Übersetzung der Geheimschrift

	verlieren		finden		kommen
	einnähen		zurücknehmen		bleiben
	bekanntmachen		sprechen		sein
	versprechen		versichern		nehmen

A

■ Übung 6 ■

Ein supermodernes Auto, wie du es bestimmt noch nie gesehen hast:

1. Mit diesem Modell beginnt eine neue Ära des Automobilbaus.
2. Das Cockpit soll nicht nur informieren, sondern auch unterhalten.
3. Bei Regen hilft ein ausfahrbarer Regenschirm.
4. Bei Sonne kann man sich wie in einem Solarium bräunen.
5. Die Mechaniker verzichteten auf einen Motor.
6. Das Modell <u>wird</u> mittels neuer Fußkraft angetrieben.
7. So erreicht das neue Auto eine Höchstgeschwindigkeit von sage und schreibe 10 km/h.
8. Die Käufer <u>werden</u> das Auto begeistert aufnehmen.

Wie wird das Prädikat gebildet? Ordne die Satznummern den entsprechenden Begriffen zu.

Vollverb: ______________________

Hilfsverb: ______________________

Modalverb: ______________________

Test: Prädikat

Die Zahlen in Klammern geben die Punktzahlen an, die du bei richtiger Beantwortung jeder Frage erhältst.

1. Kannst du mit eigenen Worten erklären, was ein Prädikat ist? **(2)**

____

____

2. Wie lautet die Frage nach dem Prädikat? **(1)**

____

____

3. Weißt du, was eine konjugierte Verbform ist? **(2)**

____

____

4. Es gibt verschiedene Arten, wie Prädikate gebildet werden. Kannst du mindestens vier nennen? **(4)**

____

____

____

5. An welcher Stelle kann das Prädikat in einem Aussagesatz stehen? **(2)**

____

____

Summe 11

Hast du insgesamt weniger als 6 Punkte erreicht, solltest du das Kapitel „Das Prädikat“ noch einmal wiederholen.

WAS IST EIGENTLICH EIN SUBJEKT?

Das Subjekt (Satzgegenstand)

Das zweite Satzglied, das du kennenlernst, heißt Subjekt.
Das Subjekt ist immer eine Person oder eine Sache, die etwas macht.
Das Subjekt wird oft auch als **Satzgegenstand** bezeichnet.
Es steht immer im 1. Fall, **dem Nominativ.**

Das Subjekt steht immer im Nominativ.

Peter geht in die Schule.

Die Frage nach dem Subjekt lautet: **Wer oder was macht etwas?** Peter. Also ist **Peter** das Subjekt des Beispielsatzes.
Subjekt und Prädikat müssen zueinander passen. Steht das Subjekt im Plural (in der Mehrzahl), muß das Prädikat ebenfalls im Plural stehen.
Fehlerbeispiel: Die Vögel fliegt in den Süden.
Der Satzgegenstand steht im Plural, nicht aber das Prädikat.
Dieser Satz ist grammatisch falsch.
Verbessere den Satz:

Frage nach dem Subjekt: Wer oder was macht etwas?

____

Das Subjekt steht vor oder hinter dem Prädikat.

Das Subjekt steht vor oder hinter dem Prädikat.

Die Maus frißt gerne Käse.
Heute frißt **die Maus** eine Brotkrume.

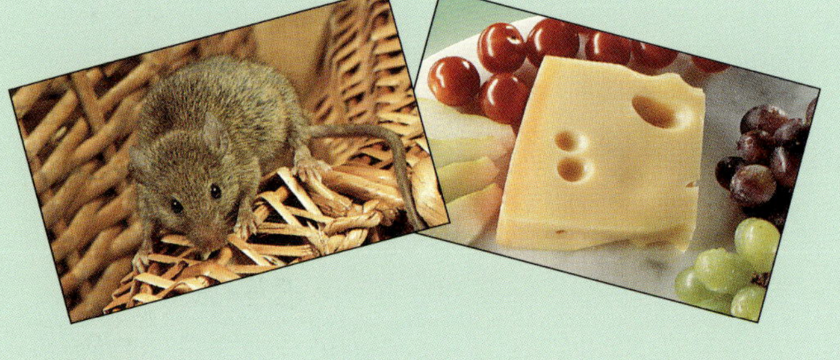

▪ Übung 1 ▪

A

Suche und unterstreiche alle Subjekte im folgenden Text.

MacCool, der Wikinger

MacCool lief so schnell er konnte. Voller Angst blickte er sich immer wieder um. Aber der Bär, der hinter ihm herjagte, holte auf. Überall lagen Äste und Steine im Weg, und MacCool mußte ihnen ständig ausweichen. So verlor er wichtige Zeit. Der Bär war riesengroß und hatte ein großes Maul mit scharfen Zähnen. Er hatte heute noch nichts Anständiges gefressen, so daß MacCool als Festmahl genau zum richtigen Zeitpunkt erschienen war. MacCool versuchte, Haken zu schlagen, doch davon ließ sich der Bär überhaupt nicht beeindrucken. Langsam wurde er müde und hörte schon das Keuchen und Schnaufen des Bären hinter sich. Plötzlich sah MacCool einen Brombeerbusch direkt vor sich. Und sofort wußte er: Das ist meine Rettung. Wieselflink kletterte er hinter den Busch und stellte dem Bären ein Bein. Normalerweise nehmen sich ...

Fortsetzung auf Seite 28

Welcche Wortarten können Subjekt sein?

Die verschiedenen Möglichkeiten

Hauptwörter, Eigennamen oder Fürwörter können das Subjekt eines Satzes sein.

Gibt es auch mehrteilige Subjekte? Die Frage ist berechtigt. Und richtig, wie bei den Prädikaten können auch Subjekte aus einem Wort oder aus mehreren Wörtern bestehen. Anders als beim Prädikat werden mehrteilige Subjekte aber nicht getrennt. Doch erst einmal mußt du wissen, aus welchen Wortarten das Subjekt gebildet wird. MacCool zeigt dir ein paar Beispiele:

1. Hauptwörter oder Substantive:

das Haus, die Mutter, das Auto ...

2. Eigennamen:

Peter, Klaus, Sarah, Sandra ...

3. Fürwörter oder Pronomen:

ich, du, er, sie, es, wir, ihr, sie (vgl. Seite 10)

Substantivierte Verben oder Adjektive können ebenfalls Subjekt sein.

Auch andere Wortarten kannst du zum Subjekt eines Satzes machen. Du mußt sie aber in ein Hauptwort verwandeln (substantivieren). Dazu setzt du nur einen Artikel (Begleiter) vor das Wort, das du dann natürlich groß schreiben mußt. Zwei Beispiele zeigen dies:

1. Verben (Zeitwörter):

Das Baby **weint.** Das **Weinen** des Babys weckt die Mutter.

2. Adjektive (Wiewörter):

Das **kleine** Baby kann noch nicht laufen.
Das **Kleine** kann noch nicht laufen.

Ein mehrteiliges Subjekt wird nicht getrennt.

Ein mehrteiliges Subjekt könnte so z. B. aus einem Fürwort und einem Hauptwort bestehen, die durch ein Bindewort (eine Konjunktion) wie „und“ verbunden sind.

Die Frau und ich gehören zusammen.

▪ Übung 2 ▪

A

Nun darfst du dich an einem Puzzle versuchen. Bestimme zunächst das Subjekt, stelle es dann an die erste Stelle im Satz, und ergänze schließlich die restlichen Satzglieder.

ein gutes Versteck.
auf einen Baum.
MacCool
Das Keuchen
MacCool.
lief
ganz schnell.
Der Busch
Der Bär
verfolgte
kletterte
war fürchterlich.
war
Ein Bär
des Bären

1. Ein Bär ______________________
2. ______________________
3. ______________________
4. ______________________
5. ______________________

Vorsicht bei der 3. Person Singular!

Verschiedene Verwendungsmöglichkeiten von „es"

Die 3. Person Singular „es" kann:

- ein Hauptwort ersetzen;
- unpersönliches Subjekt sein;
- grammatisches Subjekt sein.

Als 3. Person Singular bezeichnen wir die Fürwörter er, sie und es. Wenn „es" das Subjekt eines Satzes ist, müssen wir immer ein wenig aufpassen. Leider kann „es" für ganz unterschiedliche Aussagen stehen. Die folgenden Beispiele sollen dir dies verdeutlichen:

1. Du benutzt „es", um ein **Hauptwort** zu ersetzen.

Das Auto fuhr zu schnell. **Es** wurde von der Polizei angehalten.

2. Du benutzt „es", wenn du dich nicht auf eine bestimmte Person oder Sache festlegen willst. „Es" ist dann keiner Person zugeordnet, „es" ist **unpersönliches Subjekt**.

In diesem Winter schneite **es** oft.

3. Du benutzt „es" am Anfang eines Satzes, ohne daß „es" notwendig ist. Du kannst „es" auch ganz einfach weglassen; ein anderes Wort tritt dann an seine Stelle. Das „es" hat in diesem Fall die Funktion eines **grammatischen Subjekts**, da bekanntlich jeder vollständige Satz ein Subjekt benötigt.

Es darf in der Bücherei nicht laut gesprochen werden.
In der Bücherei wird nicht laut gesprochen.

In der Umgangssprache benutzen wir „es" recht häufig und kennen die genaue Funktion meistens nicht. Du bist nun schlauer und wirst deinen Freunden helfen können, wenn sie wieder einmal das Subjekt „es" suchen.

■ Übung 3 ■

Versuche in den folgenden Sätzen das Wörtchen „es“ zu ersetzen, indem du die Satzglieder vertauschst.
Paß auf! „Es“ läßt sich nicht in allen Sätzen austauschen.

Beispiel:
Es ziehen von Osten Wolken heran.
Wolken ziehen von Osten heran.

1. Es darf in diesem Restaurant nicht geraucht werden.

____

2. In Griechenland ist es sehr heiß.

____

3. Heute ist es kälter als gestern.

____

4. Der Bäcker schiebt das Brot in den Ofen. Es muß zwei Stunden backen.

____

____

5. Es war einmal ein kleines Mädchen, das wurde von allen *Rotkäppchen* genannt.

____

____

6. Es darf über den Nachrichtensprecher gelacht werden.

____

Übung 4

Bestimme die Subjekte, und ordne sie in die Tabelle ein.

Liebe Oma,

nun sind wir schon zwei Wochen auf dem Bauernhof. Eine Menge ist geschehen. Walli, die Hofhündin, hat Junge bekommen. Die Kleinen

sehen süß aus. Sie sind ganz nackt und hilflos. Das Laufen fällt Walli noch sehr schwer, aber sie kümmert sich rührend um ihre Jungen. Das Bellen und Toben der Hunde hört man bis in unser Zimmer. Toll ist, daß wir machen können, was wir wollen.

Heute hat es leider geregnet und gestürmt. Das Heulen des Windes war so laut, daß wir Angst bekamen. Wir haben dann einfach *Scotland Yard* gespielt. Der Klügere (natürlich ich!) hat gewonnen.

Ich hoffe, daß das Wetter morgen besser wird. Klaus und ich können dann einen Ausflug an den Stausee machen.

Bis nächste Woche

Peter

Hauptwort: ____________________

Wiewort: ____________________

Zeitwort: ____________________

Fürwort: ____________________

▪ Übung 5 ▪

A

In der folgenden Fabel fehlen die Subjekte. Setze sie an die richtige Stelle.

Der Löwe und die Maus (Äsop)

Als der Löwe schlief, lief ihm eine ______________ über den Körper. Aufwachend packte ______________ die ______________ und war drauf und dran, sie aufzufressen. Da bat ______________ ihn, ______________ solle sie doch freilassen: „Wenn ______________ mir das Leben schenkst, werde ______________ mich dankbar erweisen." Lachend ließ ______________ die Maus laufen. ______________ geschah aber, daß bald darauf ______________ dem Löwen das Leben rettete. Denn als ______________ den Löwen fingen und ihn mit einem Seil an einen Baum banden, hörte ______________ ihn stöhnen. Sie lief zu ihm, und ______________ wurde von ihr durchgenagt. „Damals", sagte sie, „hast ______________ über mich gelacht. Jetzt weißt du, daß auch ______________ dankbar sein können."

kleine Mäuse | Maus | die Maus | er | er | ich | die Maus | er | sie | Jäger | du | Es | das Seil | du | Maus

Test: Subjekt und Prädikat

1 Nun erfährst du endlich, wie es mit unserem Wikinger weitergeht. Kann er sich vor dem gefährlichen Bären retten? Unterstreiche in der folgenden Geschichte die Subjekte rot und die Prädikate blau.

... Normalerweise nehmen sich Bären selten in acht. Es war zwar ein bißchen unfair, was MacCool plante, aber in der Not greift man zu solchen Mitteln. Der Bär stolperte und überschlug sich mehrmals. Oh, was fluchte der Bär! Noch nie habt ihr solche Bärenflüche gehört. MacCool rannte schnell weiter und hatte bald 50 m Vorsprung. Doch nun war unser Bär noch böser. Noch nie hatte man ihm so etwas Hinterhältiges und Gemeines angetan. Bald war er MacCool schon wieder dicht auf den Fersen. „Jetzt ist mein Ende gekommen", dachte MacCool, als er plötzlich einen großen Fluß sah. Schnell stürzte er sich in die Fluten und rettete sich ans andere Ufer. Gevatter Bär aber sah den Fluß vor lauter Wut viel zu spät. „Plumps", machte es, und er landete laut fluchend im Wasser. Bären mögen nämlich kein Wasser, und ...

Fortsetzung auf Seite 33

Hast du alle Subjekte und Prädikate gefunden, kannst du deinem Konto 20 Punkte gutschreiben. Wenn nicht, versuche es noch einmal.

In dem kleinen Gedicht von James Krüss sind bei einigen Prädikaten die Buchstaben vertauscht worden. Findest du das richtige Verb? **2**

Das Feuer

Hörst du, wie die Flammen flüstern,
Knicken, **ncakenk**, krachen, knistern,
Wie das Feuer rauscht und **sutas**,
Brodelt, brutzelt, **rbentn** und braust?

Siehst du, wie die Flammen lecken,
Züngeln und die Zunge **elckenb**,
Wie das Feuer **ztant** und zuckt,
Trockene Hölzer schlingt und **slchkutc**?

Riechst du, wie die Flammen **rcauehn**,
Brenzlig, brutzlig, brandig schmauchen,
Wie das Feuer, rot und schwarz,
udftet, schmeckt nach Pech und Harz?

Fühlst du, wie die Flammen schwärmen,
Glut aushauchen, wohlig **wränem**,
Wie das Feuer, flackrig-wild,
Dich in warme Wellen **ühtll**?

Hörst du, wie es leiser knackt?
Siehst du, wie es matter flackt?
Riechst du, wie der Rauch verzieht?
Fühlst du, wie die Wärme **lfeiht**?

Kleiner wird der Feuersbraus;
Ein letztes Knistern,
Ein feines Flüstern,
Ein schwaches Züngeln,
Ein dünnes Ringeln –
Aus.

Summe Teil 1:	
Summe Teil 2:	
Summe	**31**

Hast du weniger als 20 Punkte erreicht, solltest du die Kapitel „Prädikat“ und „Subjekt“ wiederholen.

Für jedes richtige Wort gibt es 1 Punkt, insgesamt also 11 Punkte.

AUCH DAS NOCH: DIE SATZERGÄNZUNGEN

Das Akkusativobjekt („Wen-oder-Was-Fall“)

Ein Objekt ist eine Satzergänzung.

Wie du in den ersten beiden Kapiteln gesehen hast, besteht ein Satz nicht immer nur aus Subjekt und Prädikat. Damit ein Satz vollständig ist, muß er ergänzt werden. Eine der möglichen Ergänzungen ist das **Akkusativobjekt.**

Peter sieht ________________?

Frage nach dem Akkusativobjekt: Wen oder was?

Du merkst, daß der Satz unvollständig ist, und fragst dich: **Wen oder was sieht** Peter?
Damit kennst du auch schon die Frage nach dem Akkusativobjekt: **Wen oder was?** Um den Beispielsatz zu ergänzen, kannst du eine Person oder eine Sache einsetzen, die dann im Akkusativ steht.

Peter sieht Klaus.
Peter sieht das Haus.

Den Akkusativ nennt man auch den **4. Fall.** Eine Ergänzung bzw. ein Objekt ist **immer** ein Hauptwort oder ein Fürwort (Klaus = ihn / das Haus = es).

Verben, die den 4. Fall fordern, nennt man transitiv, alle anderen intransitiv.

Das Prädikat bestimmt, welche Ergänzung notwendig ist. Zeitwörter, die eine Ergänzung im 4. Fall fordern, heißen **transitive Verben.** Alle anderen Verben nennt man **intransitiv.**

Peter hört Radio. (transitiv)
Peter zittert. (intransitiv)

Die Wortstellung für einen Aussagesatz lautet:

Subjekt	Prädikat	Objekt
↓	↓	↓
Klaus	schreibt	einen Brief.

■ Übung 1 ■

A

Bilde aus den folgenden Wortlisten Sätze, und unterstreiche das Akkusativobjekt <u>schwarz</u>. Achte auf die Stellung der Satzergänzungen!

1. MacCool, verfolgte, der Bär.

____

2. bejubelten, die Fußballfans, ihre Mannschaft.

____

____

3. Peter, machen, die Hausaufgaben, und, Klaus, zusammen.

____

4. Wir, viele, zu Weihnachten, bekamen, Geschenke.

____

5. Unser, gibt, Lehrer, jeder, gute, Stunde, in, Ratschläge.

____

6. Kartoffeln, der, die, Bauer, hat, dümmste, größten.

____

Auch andere Wortarten können Objekt sein

Substantivierte Verben und Adjektive

Substantivierte Verben und Adjektive können auch Objekte sein.

Bisher hast du nur Objekte kennengelernt, die Haupt- oder Fürwörter waren. Aber auch substantivierte Zeit- und Wiewörter können als Akkusativobjekt benutzt werden (vgl. Seite 22).

Ich höre ein lautes **Rufen** auf dem Schulhof.
substantiviertes Zeitwort
Der Autofahrer sieht das **Rot** der Ampel.
substantiviertes Wiewort

B

▪ Übung 2 ▪

Unterstreiche die Akkusativobjekte, und ordne sie der Bildung entsprechend ein.

Ein richtiger Wikingerjunge wie MacCool muß täglich das Schießen mit Pfeil und Bogen üben. Jederzeit kann ihn der Vater mitnehmen, wenn er eine Reise unternimmt. Wenn sie auf See sind, entern die Wikinger andere Schiffe. Vor einer Fahrt sucht sich der Kapitän die Kräftigsten und Stärksten für die Mannschaft aus. MacCools Vater hat ihn noch nie mitgenommen. Deshalb fragt MacCool jeden Abend den Vater, wann es denn endlich soweit sei. Und jeden Abend bekommt MacCool dieselbe Antwort: „Du bist noch zu jung."

Fürwort: ______________________________

Wiewort: ______________________________

Zeitwort: ______________________________

Hauptwort: ______________________________

▪ Übung 3 ▪

B

Unterstreiche in der Fortsetzung unserer Geschichte die Subjekte rot, die Prädikate blau und die Akkusativobjekte schwarz.

Ist MacCool nun gerettet?

... Bären mögen nämlich kein Wasser, und nun stand unser Bär im Fluß. Von oben bis unten war er pitschnaß. MacCool mußte lachen, denn ihr könnt euch ja vorstellen, wie lustig solch ein nasser Bär aussieht.

MacCool atmete auf. Den Fluß konnte der Bär, der vor lauter Wut im Wasser tobte, nicht überwinden. Im allgemeinen können Bären ja schwimmen, aber in unserer Geschichte haben wir es mit einem besonders dummen Bären zu tun, der einfach zuviel Angst vor Wasser hatte. Daß MacCool eigentlich nur Glück gehabt hatte, konnte er nicht wissen, denn als das Thema Bären in der Wikingerschule besprochen wurde, fehlte er ausnahmsweise. So machte er sich nun, stolz darauf, den Bären hereingelegt zu haben, auf den Heimweg. Auf einmal merkte er, wie hungrig er eigentlich war. Von einem Bären verfolgt zu werden ...

Fortsetzung auf Seite 43

ES GIBT NOCH MEHR ERGÄNZUNGEN

Das Genitivobjekt und das Dativobjekt („Wessen-Fall" und „Wem-Fall")

Verben, die ein Genitiv- oder Dativobjekt fordern, sind intransitiv.

Leider kommst du in der deutschen Sprache nicht nur mit einer Satzergänzung aus. So gibt es Verben (intransitive, vgl. Seite 30), die ein Genitiv- oder ein Dativobjekt fordern.

Der Lehrer bediente sich der Tafel.

Die Frage nach dem Genitivobjekt lautet: Wessen?

Die Frage nach dem Genitivobjekt lautet: **Wessen?**
Stelle die Frage, und bestimme das Genitivobjekt in unserem Beispielsatz:

____?

Das Genitivobjekt lautet also: ________________________

Der Genitiv (2. Fall) kommt in der Umgangssprache nur sehr selten vor. Meist wird er durch andere Objekte ersetzt.

Der Lehrer benutzt eine Tafel. (Akkusativobjekt)

Die Frage nach dem Dativobjekt lautet: Wem?

Das Dativobjekt oder den 3. Fall findest du jedoch häufiger. Versuche, die Frage für das Dativobjekt zu formulieren.
Das Fragewort lautet: **Wem?**

Schokolade schadet **den Zähnen.**

Frage: ______________________________________?

Das Dativobjekt lautet: ____________________________

Wichtig: Stelle immer die Frage, wenn du nicht weißt, welche Satzergänzung im Satz steht.

Übung 1

A

Versuche, Sätze mit Ergänzungen im Dativ zu bilden. Beachte die Wortstellung: Subjekt – Prädikat – Objekt!

	folgen	du
	glauben	er
Wir	zusehen	Ballon
	danken	Mutter
	winken	sie

Übung 2

B

Vervollständige die Sätze mit Objekten, und unterstreiche alle transitiven Verben.

Der Bär verschläft ______________________. (der Sommer)

Der Schüler widerspricht ______________________. (der Lehrer)

Der Lehrer antwortet ______________________. (der Schüler)

Der Zug verläßt ______________________. (der Bahnhof)

Der Anzug gefällt ______________________. (er)

Bayern München verliert ______________________. (das Spiel)

RUND UM DAS OBJEKT

Zusammenfassung und Ergänzungen

Wie kann ich die Objekte finden?

Schau dir den Begleiter des Hauptwortes an, oder stelle die Frage nach den Fällen, um das Objekt zu bestimmen.

Es gibt verschiedene Möglichkeiten, die Objekte in einem Satz zu bestimmen. Die sicherste Möglichkeit ist, daß du die Fragen, die du gelernt hast, stellst.

Nominativ:	Wer oder was?
Genitiv:	Wessen?
Dativ:	Wem?
Akkusativ:	Wen oder was?

Eine weitere Möglichkeit ist, daß du dir den Begleiter (Artikel) des Hauptwortes näher anschaust. Oft gibt der Begleiter schon an, in welchem Fall das Objekt steht. In vielen Fällen unterscheidet sich das Akkusativobjekt jedoch nicht vom Dativobjekt, so daß du wieder die Frage stellen mußt.
Die Tabelle rechts zeigt dir, wie sich Begleiter und Hauptwort in den verschiedenen Fällen verändern.

Zwei und mehr Objekte in einem Satz

Der 3. Fall steht vor dem 4. Fall.

In einem Satz mit zwei Objekten steht immer zuerst das Dativobjekt und an zweiter Stelle das Akkusativobjekt.

Klaus gibt **dem Freund** *ein Buch.*

↓ Dativ ↓ Akkusativ

Wie du es ja schon vom Akkusativobjekt kennst, können auch das Genitiv- und das Dativobjekt aus Hauptwörtern, Fürwörtern oder substantivierten Zeit- bzw. Wiewörtern gebildet werden.

Wichtig: Wenn das Akkusativobjekt aus einem Fürwort gebildet ist, steht es immer vor dem Dativobjekt.

Klaus gibt *es* **dem Freund.**

Akkusativ Dativ

Ist der 4. Fall ein Fürwort, steht er vor dem 3. Fall.

Deklination (Beugung) des Hauptwortes mit bestimmtem Artikel (Begleiter)

In der folgenden Tabelle siehst du, wie sich der Artikel in den verschiedenen Fällen ändert.

1. maskulin (männlich)		
Nominativ:	**der** Mann	**die** Männer
Genitiv:	**des** Mannes	**der** Männer
Dativ:	**dem** Mann	**den** Männern
Akkusativ:	**den** Mann	**die** Männer

2. feminin (weiblich)		
Nominativ:	**die** Frau	**die** Frauen
Genitiv:	**der** Frau	**der** Frauen
Dativ:	**der** Frau	**den** Frauen
Akkusativ:	**die** Frau	**die** Frauen

3. neutrum (sächlich)		
Nominativ:	**das** Auto	**die** Autos
Genitiv:	**des** Autos	**der** Autos
Dativ:	**dem** Auto	**den** Autos
Akkusativ:	**das** Auto	**die** Autos

Er fällt sofort auf, wenn er im heutigen Straßenverkehr auftaucht: der Oldtimer

A

▪ Übung 3 ▪

Unterstreiche in der folgenden Geschichte von unserem Wikinger MacCool die Akkusativobjekte schwarz, die Dativobjekte gelb und die Genitivobjekte grün.

MacCool träumt:
Es ist so schön, ein Held zu sein ...

ÄTSCH
Engländer, ergreift den Zwerg! Wir werden ihm zeigen, was richtige Engländer sind.
Hilfe! Hilfe! Sie verfolgen mich!
Folgt mir, Engländer! Wir werden es dem Wikinger schon zeigen.
Ich lasse euch erst wieder aus der Fallgrube heraus, wenn ihr eure Grammatik besser beherrscht!

▪ Übung 4 ▪

Verwandle die fettgedruckten Verben in Hauptwörter im 4. Fall. Paß auf, manchmal mußt du dazu die Wortstellung verändern!

Beispiel: Ich verbiete dir zu **kommen.**
Ich verbiete dir das **Kommen.** (Akkusativobjekt)

1. Viele Schüler haben keine Lust **mitzuarbeiten.**

____

2. Ein Sammler mag es nicht, sich von seinen Briefmarken zu **trennen.**

____

____

3. Wir bitten, die Klassenarbeiten umgehend zu **korrigieren.**

____

4. Man sollte versuchen, den Erfolg zu **wiederholen.**

____

5. Ich verbiete dir, mit meinem Game Boy zu **spielen.**

____

____

6. Wir bereiten uns vor zu **wandern.**

____

____

▪ Übung 5 ▪

A

Wo ist der Artikel? In der nächsten Übung fehlt der Begleiter. Setze den richtigen Begleiter ein, und bestimme die Kasus (Fälle).

Beispiel: Peter nimmt *den* Mantel. **(Akkusativ)**

Eine Wanderung

Für Samstag war die Wanderung geplant. Die ersten Strahlen ______________ Sonne (______________) kamen durch ______________ Wolken (______________). Die Dächer ______________ Häuser (______________) leuchteten. Mutter gab uns ______________ Brote (______________). Um 9.00 Uhr machten wir uns auf ______________ Weg (______________). Klaus und ich stiegen auf ______________ Fahrräder (______________) und fuhren los. Nach einer Stunde näherten wir uns ______________ Startpunkt (______________) ______________ Wanderung (______________). Klaus schloß ______________ Fahrräder (______________) ab, und wir machten uns auf den Weg. Zuerst ging es mitten durch ______________ Wald (______________). Nach drei Kilometern legten wir ______________ erste Pause (______________) ein. Plötzlich tauchten dunkle Wolken am Himmel auf. Schnell machten wir uns auf den Weg zu ______________ Fahrrädern (______________). Doch kurz bevor Klaus und ich zu Hause ankamen, erwischte uns der Regen. Pitschnaß schoben wir ______________ Fahrräder (______________) in die Garage. In der Haustür stand Mutter und lachte uns lauthals aus.

Deklination des Hauptwortes mit unbestimmtem Artikel

„ein" und „eine"

Bisher haben wir nur den bestimmten Artikel kennengelernt; bestimmt heißt er deshalb, weil „der", „die", „das" etwas ganz Bestimmtes ansprechen.
Der unbestimmte Artikel **„ein"** und **„eine"** wird dagegen bei einer nicht bestimmten Person oder einem nicht bestimmten Gegenstand verwendet.

Ich sehe **ein** Auto.

Der unbestimmte Artikel bildet keinen Plural.

Wichtig: Der unbestimmte Artikel bildet keine Mehrzahl. Wie der bestimmte Artikel kann auch der unbestimmte Artikel alle Fälle bilden. MacCool führt sie dir vor.

	1. maskulin (männlich)
Nominativ:	**ein** Mann
Genitiv:	**eines** Mannes
Dativ:	**einem** Mann
Akkusativ:	**einen** Mann

	2. feminin (weiblich)
Nominativ:	**eine** Frau
Genitiv:	**einer** Frau
Dativ:	**einer** Frau
Akkusativ:	**eine** Frau

	3. neutrum (sächlich)
Nominativ:	**ein** Auto
Genitiv:	**eines** Autos
Dativ:	**einem** Auto
Akkusativ:	**ein** Auto

■ Übung 6 ■

B

Unterstreiche die unbestimmten Artikel, und zwar im Genitiv grün, im Dativ gelb und im Akkusativ schwarz.

Eine Überraschung für MacCool

... Von einem Bären verfolgt zu werden macht kleine Wikingerjungen nun einmal hungrig. Als er zu Hause ankam, hatte seine Mutter schon einen großen Braten auf den Tisch gestellt. Schnell rannte MacCool zu einem Faß mit Regenwasser und wusch sich die Hände, denn auch Wikinger dürfen sich nicht mit ungewaschenen Händen an einen Mittagstisch setzen. Hungrig setzte er sich an den Tisch, als auch schon sein Vater, Zotan, nach Hause kam. Die Beute eines Jagdausfluges mit einem Freund trug er stolz vor sich her. „Ich habe eine Überraschung für dich, mein Sohn", sagte er, als er sich zu MacCool an den Tisch setzte. „Morgen stechen wir in See, zu einer richtigen Seeräuberreise, und du kommst mit."

Auf einmal hatte MacCool keinen Hunger mehr. Endlich, endlich war es soweit. Er durfte auf seine erste Schiffsreise. Schnell nahm er sich ein Stück des Bratens, wollte nach draußen laufen, um mit dieser Neuigkeit vor seinen Freunden zu prahlen, als er die mächtige Stimme seines Vaters hörte. „Halt, mein Sohn! Zuerst wird in Ruhe gegessen, denn richtige Wikinger müssen stark und kräftig sein." ...

Fortsetzung auf Seite 51

Test: Subjekt, Prädikat, Objekt

Hast du auch alles verstanden, was wir bisher erarbeitet haben? Beantworte die folgenden Fragen. Die Zahlen in Klammern geben die Punktzahlen bei jeweils richtiger Antwort an.

1. Kennst du eine deutsche Bezeichnung für „Objekt"?

____ **(1)**

2. Was ist der Unterschied zwischen transitiven und intransitiven Verben?

____

____

____ **(2)**

3. Wie lautet die Frage nach dem Akkusativobjekt?

____ **(1)**

4. Kannst du andere Wortarten, neben Hauptwörtern, nennen, die auch Objekt sein können?

____

____ **(3)**

5. Nach welchem Fall fragt man mit „Wessen"?

____ **(1)**

6. Stelle die Frage nach dem Objekt, und bestimme es:
Meine Mutter glaubt mir.

____

____ **(2)**

7. Kennst du die richtige Wortstellung?
einen, Klaus, Videofilm, mir, gibt.

____

____ **(2)**

8. Welche Möglichkeiten gibt es, die Objekte zu bestimmen?

____

____

____ **(2)**

9. In welchem Fall steht **immer** das Subjekt eines Satzes?

____ **(1)**

10. Weißt du noch, was eine finite Verbform ist?

____

____

____ **(1)**

11. Bestimme folgende Satzglieder (Subjekt = rot; Prädikat = blau; Akkusativobjekt = schwarz; Dativobjekt = gelb):
Die ersten Strahlen der Sonne verliehen der Stadt einen Hauch von Frühling. **(4)**

Summe 20

Nun schaue im Lösungsteil nach, ob deine Antworten richtig sind. Hast du insgesamt weniger als 10 Punkte erreicht, solltest du die ersten Kapitel bis hierher noch einmal wiederholen.

Das Präpositionalobjekt (Satzergänzung mit Verhältniswort)

„an", „auf", „mit" und andere

Bisher hast du gelernt, daß die Verben den Fall der Satzergänzungen bestimmen.
Einige Verben jedoch fordern eine Ergänzung, die von einem Verhältniswort (auf, an, mit usw.), einer Präposition, bestimmt wird.

Präpositionen sind Verhältniswörter wie „mit", „auf", „an" usw.

Peter schreibt **mit** dem Füller.

Die Präposition „mit" bestimmt im Beispielsatz den Fall der Ergänzung. Den Kasus (Fall) der Präpositionalobjekte erfragst du zusammen mit der jeweiligen Präposition.

Die Präpositionen bestimmen den Fall.

Frage: Womit (Mit wem? Mit was?) schreibt Peter?
Antwort: Mit einem Füller. (Präpositionalobjekt)
Unser Präpositionalobjekt steht also im: ____________________

Paß auf! Es gibt viele Verben, die ein rückbezügliches Fürwort (Reflexivpronomen) wie „mich", „dich", „sich" usw. besitzen. Diese Zeitwörter können oft ein Präpositionalobjekt bei sich führen und werden **reflexive** Verben genannt.

Verben mit rückbezüglichen Fürwörtern haben oft ein Präpositionalobjekt.

MacCool streitet ***sich*** **mit den anderen Jungen.**

Einige Präpositionalobjekte kannst du ganz einfach in ein Dativ- oder Akkusativobjekt umwandeln.

MacCool fürchtet ***sich*** nicht **vor dem Bären.**
MacCool fürchtet **den Bären** nicht.

■ Übung 7 ■

B

In welchem Fall stehen die folgenden Präpositionalobjekte?

1. Peter verschluckt sich an einer Fischgräte.

Frage: ______________________________

______________________________?

Präpositionalobjekt: ______________________________

2. Klaus arbeitet an einem Referat.

Frage: ______________________________?

Präpositionalobjekt: ______________________________

3. Sandra geht mit Klaus.

Frage: ______________________________?

Präpositionalobjekt: ______________________________

4. Der Lehrer spricht über das Thema „Satzarten".

Frage: ______________________________

______________________________?

Präpositionalobjekt: ______________________________

5. Ich sorge mich um dich.

Frage: ______________________________?

Präpositionalobjekt: ______________________________

Übung 8

Bilde aus den folgenden Verben Sätze mit Präpositionalobjekten. Bestimme anschließend die Satzergänzungen.

Beispiel: denken an
Peter denkt an seine Mutter. (Akkusativ)

1. warten auf

____

2. fürchten vor

____

3. beteiligen an

____

4. aufhören mit

____

5. tanzen mit

____

6. achten auf

____

____

7. sprechen über

____

____

▪ Übung 9 ▪

A

Unterstreiche alle Präpositionalobjekte in der kleinen Geschichte mit der Ameise.

Klaus, die Ameise

Es war einmal eine kleine Ameise, die hieß Klaus. Jeden Tag ärgerte sich Klaus über den Lärm und den Gestank der vorbeifahrenden Autos. Denn ihr müßt wissen, von den großen Zweifüßern (so nennt man in Ameisenkreisen die Menschen) ist eine Bundesstraße gebaut worden. Klaus arbeitete jeden Tag an einer kleinen Mauer, die den Lärm abhalten sollte. Doch es half nicht viel. Eines Tages, als er sich besonders geärgert hatte, sagte sich Klaus: „Nun reicht es." Er ging mit Fritz, seinem besten Freund, los, um es den Autos zu zeigen. Klaus war so wütend und böse, daß er nicht an die Gefahren dachte: „Ich werde es den Zweifüßern schon zeigen", sagte er sich immer wieder. Ehe Fritz seinen Freund vor der Gefahr warnen konnte, betrat Klaus wutschnaubend die Bundesstraße. Drohend stellte er sich auf die Hinterbeinchen, als sich die ersten Autos näherten. Fritz hatte sehr viel Angst um seinen besten Freund. Doch die Autos hielten nicht an und achteten nicht auf Klaus. Enttäuscht verließ Klaus die Bundesstraße. „Der Klügere gibt nach!" sagte er zu Fritz, der vor Angst zitterte. „Ich arbeite weiter an meinem Lärmschutz."

WO, WANN, WIE?

Das Adverbiale (Umstandsbestimmung)

Manche Sätze benötigen eine Umstandsbestimmung.

Nicht alle Sätze, die aus Subjekt, Prädikat und Objekt bestehen, sind inhaltlich vollständig.

Ich hänge die Hose ____________________.

Mit der Umstandsbestimmung, dem **Adverbiale** (Plural: die Adverbialien), kannst du den Beispielsatz erweitern und vervollständigen.

Ich hänge die Hose **in den Schrank.**

In unserem Beispiel erklärt die Umstandsbestimmung, wohin ich die Hose hänge. Sie beschreibt die Handlung des Satzes genauer.

Es gibt vier Adverbialien:
– der Zeit
– des Ortes
– des Grundes
– der Art und Weise

Wir unterscheiden vier Umstandsbestimmungen:
1. Umstandsbestimmung der Zeit;
Frage: wann? wie lange? seit wann?

Der Bus fährt **um 8.00 Uhr.**

2. Umstandsbestimmung des Ortes;
Frage: wohin? wo? woher?

MacCool geht **in die Wikingerschule.**

3. Umstandsbestimmung des Grundes;
Frage: warum? weshalb? wozu?

Der Schüler konnte **wegen Heiserkeit** nicht antworten.

4. Umstandsbestimmung der Art und Weise;
Frage: wie? womit? wodurch?

MacCool lief **schnell** vor dem Bären weg.

▪ Übung 1 ▪

Unterstreiche in der nachstehenden Geschichte von unseren Wikingern alle Umstandsbestimmungen, und bestimme sie, indem du sie mit Z (Zeit), O (Ort), G (Grund) und A (Art und Weise) kennzeichnest.

Der Start ins Abenteuer

... Wegen der Neuigkeit konnte MacCool in dieser Nacht überhaupt nicht schlafen. Er war so aufgeregt, daß er sich ständig von der einen auf die andere Seite rollte. Pünktlich um 6.00 Uhr kam Zotan, und sie packten ihre Sachen zusammen. Als sie zum Wikingerboot kamen, war überall wegen der bevorstehenden Reise eine allgemeine Hektik ausgebrochen. Mit schnellen Schritten und geübten Griffen luden kräftige Wikinger Vorräte in den Schiffsrumpf, so daß das Boot schon sehr tief im Wasser lag. Hoch oben am Mast turnten weitere Männer, die die Segel herabließen. Mit einem Mal wurde es MacCool doch sehr mulmig. Mit Bären zu kämpfen ist eine Sache, aber mit erfahrenen Wikingern auf Reise zu gehen eine andere. Als das Wikingerboot dann losmachte, sah er seine Mutter, die am Ufer stand und dem sich entfernenden Schiff zuwinkte. Auf dem Boot wurde nun kräftig gearbeitet, so daß keiner für MacCool Zeit hatte. Nach vier Wochen Fahrt schrie auf einmal der Mann im Ausguck: ...

Fortsetzung auf Seite 69

Vorsicht bei einigen Präpositionen!

Objekt oder Umstandsbestimmung

Die Präposition „durch" gibt das Mittel, nicht den Grund an.

Bei der Präposition „durch" mußt du ein wenig aufpassen. „Durch" gibt nur das Mittel an, nicht aber den Grund. Die Umstandsbestimmung des Grundes wird mit der Präposition „wegen" oder „infolge" gebildet.
Fehlerbeispiel: Durch die hohen Wellen stampfte das Schiff.
Richtig: Wegen (infolge) der hohen Wellen stampfte das Schiff.
Wichtig: Achte auf den Unterschied zwischen Präpositionalobjekt und Umstandsbestimmung des Ortes.

Stelle immer die Frage, wenn du nicht weißt, ob die Ergänzung ein Objekt oder eine Umstandsbestimmung ist.

Der Schüler wendet sich **an seinen Lehrer.**
Frage: An wen wendet sich der Schüler? = **Präpositionalobjekt**
Aber: Der Fahrradfahrer wendet **an der Ampel.**
Frage: Wo wendet der Fahrradfahrer? =
Umstandsbestimmung des Ortes

In einem Satz können natürlich auch mehrere Umstandsbestimmungen vorkommen:

Am Morgen ging Klaus **mit schweren Schritten**
(Zeit) (Art und Weise)
ins Klassenzimmer.
(Ort)

▪ Übung 2 ▪

B

Stelle fest, ob die folgenden Sätze richtig oder falsch sind, und verbessere die falschen Sätze.

1. Durch den starken Regen verspätete ich mich.
   Falsch ☐ Richtig ☐
2. Wegen einer Erkältung konnte er die Klassenarbeit nicht mitschreiben.
   Falsch ☐ Richtig ☐
3. Durch den Stau kam ich zu spät zur Arbeit.
   Falsch ☐ Richtig ☐
4. Durch Fleiß kann man bessere Noten bekommen.
   Falsch ☐ Richtig ☐

▪ Übung 3 ▪

A

Präpositionalobjekt oder Umstandsbestimmung des Ortes?

1. Der Autofahrer hält an der Ampel. ____________________
2. Peter hält sich an die Vereinbarung. ____________________
3. MacCool steht auf dem Wikingerboot. ____________________
4. Die Wikinger bestanden auf ihrer Forderung. ____________________
5. Peter geht in die Schule. ____________________
6. Der Sprinter geht an seine Leistungsgrenze. ____________________

Welche Wortarten können Adverbialien sein?

Die verschiedenen Möglichkeiten

Umstandswörter, Eigenschaftswörter und Hauptwörter können Umstandsbestimmungen sein.

Wie du es bereits vom Objekt kennst, können verschiedene Wortarten Umstandsbestimmungen sein.

1. Das Adverb (Umstandswort)

Plötzlich sieht MacCool ein anderes Schiff.

Wichtig: Verwechsle nicht die Begriffe Adverb und Adverbiale! Sie hören sich zwar sehr ähnlich an, aber MacCool kennt die Unterschiede ganz genau:

Das Adverb ist eine Wortart und besteht **immer** aus einem Wort.
Beispiele: dann, dort, jetzt, genug, etwa ...

Verwechsle nicht die Begriffe Adverb und Adverbiale!

Das Adverbiale (Umstandsbestimmung) kann jedoch aus **mehreren Wörtern** bestehen. Im Unterschied zum Adverb ist das Adverbiale **ein Satzglied.**
Beispiele: gestern morgen, im Jahre 1954, Beginn des 19. Jahrhunderts ...

2. Das Adjektiv (Eigenschaftswort)

Gehe **schnell** nach Hause!

Wichtig: Das Adjektiv steht immer in der Grundform und wird nicht dekliniert.

3. Das Substantiv (Hauptwort)

MacCool geht auf **das Schiff.**

Übung 4

A

Unterstreiche die Adverbialien, und bestimme die Wortart.

Beispiel: Peter geht **in das Kaufhaus.** (Substantiv mit Präposition)

1. Die Bücherei verleiht das Buch unentgeltlich.
2. Gestern ging Klaus nicht zur Schule.
3. Der Aufzug fuhr aufwärts.
4. Halte dich genau an die Regeln!
5. Der Ausblick ist unwahrscheinlich schön.
6. Die Touristen gingen in das Museum.

Übung 5

B

Diese Adverbien sind etwas durcheinandergeraten. Kannst du sie wieder ordnen und anschließend in den Text auf Seite 56 einsetzen?

rühfre ☐☐☐☐☐☐

lablüer ☐☐☐☐☐☐☐

hdanca ☐☐☐☐☐☐

tehue ☐☐☐☐☐

urchdad ☐☐☐☐☐☐☐

redile ☐☐☐☐☐☐

tsärpe ☐☐☐☐☐☐

▪ Übung 6 ▪

Setze die Adverbien von Seite 55 richtig ein.

Der Rattenfänger von Hameln (mittelalterliche Sage)

______________ lebte in Hameln ein wunderlicher Mann. Er gab sich als Rattenfänger aus. ______________ versprach er, für ein gewisses Entgelt die Stadt von Ratten und Mäusen zu befreien. Die Bürger versprachen ihm eine großzügige Bezahlung, und der Rattenfänger begann mit seiner Arbeit. Er nahm ein Pfeifchen aus seinem Rock und pfiff. ______________ kamen alle Mäuse und Ratten aus ihren Löchern und Verstecken und versammelten sich um ihn. Als er nun meinte, daß keine mehr da wäre, verließ er die Stadt durch das Stadttor, das ihr noch ______________ in Hameln bewundern könnt, und alle Ratten und Mäuse folgten ihm. Der Rattenfänger ging hinunter zur Weser und trat ins Wasser. ______________ folgten ihm alle Tiere und ertranken. ______________ gaben die Bürger ihm nicht den versprochenen Lohn. Am nächsten Morgen erschien er wieder, diesmal in der Gestalt eines Jägers, und ließ seine Pfeife in allen Gassen von Hameln ertönen. Doch diesmal kamen nicht Ratten und Mäuse, sondern Kinder, die sich um ihn sammelten. Er führte sie ebenso durch das Stadttor hinaus wie vortags das Ungeziefer. Die Eltern liefen weinend vor das Tor, doch kein Kind kam zurück. ______________ wurde erzählt, daß 130 Kinder mit dem Rattenfänger die Stadt verlassen hatten.

▪ Übung 7 ▪

In jedem Satz findest du mindestens zwei Umstandsbestimmungen. Unterstreiche sie, und kennzeichne sie mit Z (Zeit), O (Ort), A (Art und Weise) und G (Grund).

1. Letztes Jahr feierten wir meinen Geburtstag in Spanien.

2. Heute gingen wir schnell in die Schule.

3. Wegen der schweren Arbeit hatte er Schwielen an den Händen.

4. Langsam aß er die Suppe im Restaurant.

5. In der Nacht bekam Peter wegen des schlechten Essens Magenschmerzen.

6. Klaus schlug gestern die Tür aus Wut zu.

7. In Barcelona fuhr Michael Schumacher schneller als Damon Hill.

8. Heute morgen standen viele Leute lange auf dem Bahnsteig.

9. In diesem Jahr fahren wir in den Sommerferien nach Sylt.

10. Der Zug fährt in fünf Minuten verspätet ab.

11. Beim Auslaufen des Schiffes stand MacCool aufgeregt an Deck.

12. Infolge des schlechten Wetters konnte das Flugzeug gestern nicht rechtzeitig starten.

GENAUERES ÜBER DAS BEZUGSWORT

Das Attribut (Beifügung)

Ein Attribut ist kein Satzglied.

Ein Attribut ist eine Beifügung zu einem bestehenden Satzglied. Es erklärt das Satzglied genauer. Das Attribut besitzt immer ein Bezugswort, so daß es nicht als selbständiges Satzglied bezeichnet werden kann. Hier einige Beispiele:

Der Lehrer erklärt die Grammatik. (ohne Attribut)
Der **erfahrene** Lehrer erklärt die Grammatik.
Der **erfahrene** Lehrer erklärt die **schwere** Grammatik.
Der **erfahrene** Lehrer **des Gymnasiums** erklärt die **schwere** Grammatik. ...

Es gibt drei Attribute:
– Adjektivattribute
– Genitivattribute
– Attribute mit Präpositionen

MacCool zeigt dir nun, welche Attribute er kennt:

1. Adjektivattribute	der **blaue** Tisch, die **grüne** Ampel ...
2. Genitivattribute	die Arbeit **des Lehrers**
3. Attribute mit Präpositionen	eine Tafel **aus schwarzem Schiefer**

Auch Adverbien, Verben (nur in der Grundform) und Pronomen (Fürwörter) können als Attribut verwendet werden.

... aus der Tür **dort.** (Adverb)
... für die Arbeit Vokabeln **zu lernen.** (Verb)
... ohne **meine** Hilfe. (Pronomen)

Mache die Umstellprobe, um das Attribut zu finden.

Das Attribut eines Satzes kannst du nicht erfragen. Du findest es aber ganz leicht durch die **Umstellprobe.** Ein Attribut kann nur mit dem Bezugswort verschoben werden. Das Bezugswort kann mehrere Attribute haben.

Kein Mensch kannte den Besitzer **des Schmucks.**
Den Besitzer **des Schmucks** kannte kein Mensch.

Die Apposition ist eine besondere Form des Attributs.

Wichtig: Eine Apposition ist eine spezielle Form eines Attributs. Sie steht im gleichen Fall wie das Bezugswort, wird aber durch Kommas eingeschlossen.

Herr Müller, **unser Lehrer**, erklärt uns die Grammatik.

▪ Übung 1 ▪

B

Unterstreiche die Attribute schwarz und die Bezugswörter gelb.

Der Tiger

Tiger leben in Indien und in den meisten Ländern Südostasiens. Sie leben in großen Wäldern und weiten Steppen. Wenn du einen Tiger im Zoo siehst, meinst du zuerst, daß sein gelbes Fell mit schwarzen Streifen leicht zu erkennen ist. Im Dickicht eines Dschungels aber, oder in den Ebenen der Steppen, ist er durch seine geschickte Tarnung kaum zu erkennen. Diese Tarnung des Tigers ist für das Überleben sehr wichtig. Er ist ein starker und kräftiger Jäger, den alle Tiere ohne seine geschickte Tarnung sofort erkennen würden.

Der Tiger besitzt ein starkes Gebiß mit scharfen Zähnen, um seine Beute zu zerreißen und zu fressen. Er frißt Wild, Affen und andere kleine Tiere, aber auch schon einmal Kühe. Dabei ist er so stark, daß er seine Beute Hunderte von Metern in sichere Verstecke des Dschungels schleppen kann. Normalerweise jagen und fressen Tiger in der Nacht. Sie mögen die Hitze des Tages nicht und suchen sich für den Tag ruhige und sichere Rastplätze. Wenn ein Tiger an einen Fluß zum Trinken kommt, beobachtet er seine Umgebung ständig. Er ist ein ausgezeichneter und kräftiger Schwimmer, der selbst große Flüsse ohne Anstrengung durchschwimmen kann. Der Tiger, ein naher Verwandter unserer Katze, ist aber kein guter Kletterer.

A

▪ Übung 2 ▪

Stelle durch die Umstellprobe fest, welche Wörter eine Gruppe bilden, und schreibe sie heraus.

Beispiel: Das dicke Buch gefällt mir. Mir gefällt das dicke Buch.
Wortgruppe: das dicke Buch.

1. Ich habe dein dickes Buch zurückgebracht.

____

2. Die Bücher des unbekannten Forschers werde ich nicht kaufen.

____

____

3. Das interessante Buch über die seltenen Tiere Afrikas werde ich mir kaufen.

____

____

____

Rappenantilope mit Jungem, und Breitmaul-Nashorn

4. Die Kinder spielten trotz des schlechten Wetters fröhlich in ihren Zimmern.

____

____

5. Die große Stadt erreichte er nach einer schnellen Fahrt.

____

6. Der Zug mit 16 Waggons fuhr durch die glühende Wüste.

____

____

■ Übung 3 ■

A

Welche Attribute gehören zu welchen Bezugswörtern?

südlichsten – kalten – eisige – riesigen – äußersten – größte – langjährige – gewaltig langen

Kanada

Flagge Kanadas

Kanada ist nach Rußland das ______________ Land der Erde. Über 4 000 km beträgt die Entfernung vom nördlichsten bis zum ______________ Punkt. 6 000 km sind es von Vancouver im ______________ Westen bis nach Neufundland im Osten. Auf dieser ______________ ______________ Strecke benötigen Transkontinentaleisenbahnen 5 ½ Tage, um das Land zu durchqueren. Der größte Teil Kanadas liegt im Bereich der ______________ Klimazone. Aus der ______________ Eiswelt der Arktis dringt ______________ Luft im Winter nach Süden vor, denn es gibt, wie in Europa die Alpen, kein Gebirge, das sie daran hindert. Kanada ist ein zweisprachiges Land. Englisch und Französisch sind Amtssprachen. Dies läßt sich durch die ______________ Besetzung Kanadas durch Frankreich erklären.

Jachthafen vor Vancouver, und Nationalpark in Alberta im Südwesten Kanadas

Vorsicht! Verwechslungsgefahr!

Adverbialien und Attribute

Du mußt aufpassen, wenn du von nun an Adverbialien und Attribute nicht verwechseln willst.
MacCool weist dich hier noch einmal auf die wichtigsten **Unterschiede** hin:

Adverbialien
– sind selbständige Satzglieder;
– beziehen sich aufs Verb;
– stehen als Adjektiv immer in der Grundform.

Adverbialien (Umstandsbestimmungen)
1. Umstandsbestimmungen sind selbständige Satzglieder.
2. Sie beziehen sich auf ein verbales Satzglied und geben die näheren Umstände eines Geschehens oder Handelns an.
3. Die Adjektive, die als Umstandsbestimmung gebraucht werden, stehen immer in der Grundform (werden nicht dekliniert).

Attribute
– sind keine selbständigen Satzglieder;
– beziehen sich meist auf ein Hauptwort;
– werden als Adjektiv dekliniert.

Attribute (Beifügungen)
1. Attribute sind keine selbständigen Satzglieder.
2. Sie beziehen sich meist auf Hauptwörter und erläutern diese näher. (Gelegentlich beziehen sie sich auch auf Adverbien oder andere Adjektive.)
3. Die als Beifügung gebrauchten Adjektive werden wie das Bezugswort dekliniert.

▪ Übung 4 ▪

B

Kreuze an, ob es sich in den folgenden Sätzen um ein Adverbiale (Adv.) oder ein Attribut (Attr.) handelt.

	Adv.	Attr.
1. Achte auf die sorgfältige Ausführung der Arbeiten!	☐	☐
Achte sorgfältig auf die Ausführung der Arbeiten!	☐	☐
2. In der Verhandlung trat vorübergehend eine Pause ein.	☐	☐
In der Verhandlung trat eine vorübergehende Pause ein.	☐	☐
3. Er gab mir zögernd seine Zustimmung.	☐	☐
Er gab mir seine zögernde Zustimmung.	☐	☐
4. Klaus freute sich über seinen wiederholten Lottogewinn.	☐	☐
Klaus freute sich wiederholt über seinen Lottogewinn.	☐	☐

5. Die Mieter müssen mit einer zeitweiligen Sperrung der Wasserzufuhr rechnen.	☐	☐
Die Mieter müssen zeitweilig mit einer Sperrung der Wasserzufuhr rechnen.	☐	☐
6. Peter gab mir bindend seine Zusage.	☐	☐
Peter gab mir die bindende Zusage.	☐	☐
7. Der Arzt gab die umgehende Anweisung zur Operation.	☐	☐
Der Arzt gab umgehend die Anweisung zu operieren.	☐	☐

■ Übung 5 ■

MacCool als Wikinger hast du ja schon kennengelernt. Beschreibe ihn und seinen Wikinger-Vater mit folgenden Adjektiven, die du als Attribute verwenden sollst.

	MacCool	Zotan
Figur:	klein, schlank	groß, breitschultrig
Mund:	schmal	zugewachsen
Hände:	zierlich	mächtig
Halstuch:	rot	grün
Schuhe:	grau	rotbraun
Helm:	verziert	einfach

MacCool hat ...

Zotan hat ...

Übung 6

B

Sind die folgenden Aussagen richtig oder falsch?
Kreuze an, und verbessere die falschen Aussagen.

Vorsicht, Falle!

	richtig	falsch
1. Das Attribut ist eine Beifügung zu einem Wort.	☐	☐
2. Ein Adverb kann Attribut sein.	☐	☐
3. Ein Bezugswort kann mehrere Attribute haben.	☐	☐
4. Das Attribut ist ein selbständiges Satzglied.	☐	☐
5. Attribute kann man wie Umstandsbestimmungen erfragen.	☐	☐
6. Das Adjektivattribut wird nicht dekliniert.	☐	☐
7. Die Apposition ist kein Attribut.	☐	☐
8. Ein Verb im Infinitiv kann Attribut sein.	☐	☐
9. Umstandsbestimmungen sind selbständige Satzglieder.	☐	☐
10. In dem Ausdruck „die Liebe der Mutter" ist „der Mutter" Genitivattribut zu „die Liebe".	☐	☐

ALLES ÜBER DIE SATZGLIEDER

Regeln auf einen Blick

Nun wollen wir noch einmal zusammenfassen, was du bisher gelernt hast.
1. Jeder vollständige Satz muß ein Prädikat (Satzaussage) enthalten. Das Prädikat ist immer eine konjugierte Verbform.
2. Das Subjekt (Satzgegenstand) bildet mit dem Prädikat den Satzkern eines Satzes. Es steht immer im 1. Fall.
3. Es gibt drei Satzergänzungen (Objekte): das Genitiv-, Dativ- und Akkusativobjekt. Akkusativobjekte stehen immer nach transitiven Verben.
4. Das Präpositionalobjekt ist eine weitere Satzergänzung. Hier bestimmt eine Präposition den Kasus (Fall) der Ergänzung.
5. Wir unterscheiden vier Umstandsbestimmungen:
- der Zeit (Frage: wann? wie lange? seit wann?)
- des Ortes (Frage: wo? wohin? woher?)
- des Grundes (Frage: weshalb? warum? wozu?)
- der Art und Weise (Frage: wie? womit? wodurch?)

6. Es gibt also fünf Satzglieder:
- das Prädikat
- das Subjekt
- das Objekt
- das Präpositionalobjekt
- die Umstandsbestimmung

7. Attribute sind keine selbständigen Satzglieder. Sie besitzen immer ein Bezugswort.
Wichtig: Verwechsle nicht Wortart mit Satzglied. Mit Wortart ist immer nur die Bezeichnung für ein einziges Wort (z. B.: Verb) gemeint. Ein Satzglied kann aus mehreren Wörtern bestehen und erkärt die Funktion in einem Satz.

GB 5 Spare boxes "Superslim" for
CD / CD-ROM / DVD
Transparent

FR 5 boîtiers de remplacement
"Superslim" pour CD / CD-ROM / DVD
transparents

IT 5 box di riserva "Superslim" per CD /
CD-Rom / DVD
Trasparente

ES 5 Cajas de repuesto "Superdelgadas"
para CD / CD-Rom / DVD
Transparentes

NL 5 lege doosjes "Superslim" voor CD /
CD-ROM / DVD
Transparant

TR CD / CD-Rom / DVD'ler için 5 yedek
kutu "Superslim"
Şeffaf

PT 5 arquivadores complementares
"Superfino" para CD / CD-Rom / DVD
Transparentes

FI 5 koteloa "Superslim" CD:lle /
CD-ROM-levylle / DVD:lle
Kirkas

PL 5 opakowań zapasowych "Superslim"
na CD / CD-ROM / DVD
przeźroczyste

CZ 5 náhradních boxů "Superslim" na CDs
/ CD-Roms / DVDs
transparentní

HU 5 "Superslim" tartalékdoboz CD /
CD-Rom / DVD-nek
átlátszó

4 250040 930553

ENDE DER ERSTEN RUNDE

Abschlußtest zu den Satzgliedern

1

Bestimme Subjekt und Prädikat, und unterstreiche die Subjekte rot und die Prädikate blau.

1. Die Rose ist verblüht.	2
2. Der Ofen hatte geglüht.	2
3. Wir sind ermahnt worden.	2
4. Die Bohlen und Balken müssen abgeladen werden.	2
5. Das Laufen ist anstrengend.	2
6. Auch das Schöne wird vergehen.	2
Summe	**12**

2

Welche Wortarten bilden Subjekt und Prädikat in den Sätzen 1–6 von Test 1?

1. ______________________________	2
2. ______________________________	2
3. ______________________________	2
4. ______________________________	3
5. ______________________________	2
6. ______________________________	3
Summe	**14**

3 Bilde sechs Sätze, in denen das Wort „Auto" dem angegebenen Satzglied entspricht.

Beispiel: Subjekt: *Das Auto hat eine Klimaanlage.*

1. Genitivobjekt: ______________________________

______________________________ 3

2. Dativobjekt: ______________________________

______________________________ 3

3. Akkusativobjekt: ______________________________

______________________________ 3

4. Präpositionalobjekt: ______________________________

______________________________ 3

5. Umstandsbestimmung des Ortes: ______________________________

______________________________ 2

6. Attribut: ______________________________

______________________________ 3

Summe 17

Solch ein modernes Auto haben unsere Wikinger in der fremden Stadt sicherlich nicht entdeckt

Sicherlich bist du schon gespannt, wie die Geschichte von MacCool als Wikinger weitergeht. Unterstreiche beim Lesen die Subjekte rot, die Prädikate blau, die Objekte schwarz und die Umstandsbestimmungen gelb. **4**

Die fremde Stadt

... schrie auf einmal der Mann im Ausguck: „Land in Sicht!" Alle Wikinger stürmten an Deck und hielten Ausschau. Tatsächlich, vor ihnen lag eine große Insel. Mitten auf der Insel konnte MacCool große Türme einer Stadt erkennen. Schnell drehten die Wikinger ihr Boot bei und gingen an Land. MacCool mußte immer neben seinem Vater gehen, denn ihr könnt euch ja vorstellen, wie gefährlich solch eine unbekannte Insel sein kann. Von überallher hörten sie ungewöhnliche Geräusche. So langsam bekam MacCool doch Angst. Kamen dort wilde Tiere oder unbekannte Ungeheuer? Doch ehe MacCool weiterdenken konnte, standen sie vor einer riesigen Stadt, die von einer gigantischen Stadtmauer umgeben war. Zotan befahl seinen Wikingern zu lagern. Die Stadt schien unbewohnt. Nirgends hörten oder sahen unsere Wikinger Menschen, die doch diese Stadt erbaut haben mußten. Und es gab noch ein weiteres Problem. Wie sollten sie in die Stadt gelangen? Alle Wikinger saßen nun da und grübelten, denn ihr wißt ja: Wikinger sind zwar groß, kräftig und auch mutig, aber nicht immer sehr klug. Plötzlich ...

Fortsetzung auf Seite 82

Hast du alle Satzglieder gefunden, kannst du deinem Konto 20 Punkte gutschreiben. Wenn nicht, gibt es in dieser Runde leider keine Punkte.

5 Nun kommen wir zum Schlußspurt. Jede richtige Antwort ergibt einen Punkt.

Punkterennen

1. Wie lautet die Frage nach dem Subjekt?

____

2. Kennst du die vier Umstandsbestimmungen?

____

____

3. Wie heißen die vier Fälle?

____

4. Ist das Wort „durch" im folgenden Satz richtig verwendet? (Wenn nicht, verbessere den Satz.)
Durch die vielen Fabriken ist die Luft im Ruhrgebiet schlecht.

5. Wie viele Attribute (Beifügungen) findest du im folgenden Satz?
Die mutigen Wikinger stehen vor einer unbekannten und unheimlichen Stadt.

6. Was sind transitive Verben?

____

7. Wie lautet die Frage nach dem Genitivobjekt? ______________

8. Bestimme „sauer" in den folgenden Sätzen:

a. *Die Milch riecht sauer.*

b. *Die saure Milch schmeckt nicht.*

____

9. Kennst du den Unterschied zwischen Wortart und Satzglied?

____

____

____

10. Wie heißen die vier Satzglieder, die du gelernt hast?

____

11. Was ist an diesem Satz falsch?
Hopfen und Malz ist das Geheimnis eines guten Bieres.

12. Welche Wortarten können Subjekt sein?

____

13. Kann ein Bezugswort mehrere Attribute haben?

____

Summe 13

Summe Teil 1:	
Summe Teil 2:	
Summe Teil 3:	
Summe Teil 4:	
Summe Teil 5:	
Summe	**76**

Hast du weniger als 40 Punkte erreicht, solltest du nicht weiterarbeiten, sondern den gesamten Teil über die Satzglieder (Seite 10–66) wiederholen.

DIE SCHÜLER LERNEN

Der Hauptsatz

Um einen einfachen Satz zu bilden, benötigen wir meist nur zwei Satzglieder: das Subjekt und das Prädikat.

Der Wind weht.

Ein einfacher Hauptsatz besteht folglich mindestens aus Subjekt und Prädikat. Er kann aber jederzeit erweitert werden. Wir sprechen dann vom erweiterten Hauptsatz.

Der Wind weht von Westen. (erweitert)

Wir unterscheiden drei Aussageformen:
– Aussagesatz
– Aufforderungssatz
– Fragesatz

Es gibt drei Aussageformen:

1. Der Aussagesatz

Mit einem Aussagesatz kannst du erzählen, berichten, darstellen und informieren.

Ich gehe in die Schule.

2. Der Aufforderungssatz

Mit einem Aufforderungssatz kannst du einen Befehl, eine Bitte oder eine Aufforderung ausdrücken.

Geh(e) in die Schule!

3. Der Fragesatz

Mit einem Fragesatz kannst du Auskunft über etwas erhalten, was du wissen möchtest.

Wann gehst du in die Schule?

Wichtig: Ein Hauptsatz kann alleine stehen, er ist also ohne weitere Ergänzung verständlich.

▪ Übung 1 ▪

A

Ergänze, wo es notwendig ist. Erweitere die einfachen Hauptsätze, wenn sie inhaltlich nicht vollständig sind.

1. Das Pferd frißt ______________________________

2. Vater liest ______________________

3. Wir wollen ______________________

____

4. Die Flut überschwemmt ______________

5. Alle Eltern schimpften ______________________________

6. Die Flut überschreitet ______________________________

Ein Tip: Drei Sätze müssen erweitert werden.

B

▪ Übung 2 ▪

Sind die folgenden Sätze einfach oder erweitert? Unterstreiche die Erweiterungen.

	einfach	erweitert
1. Die Eltern erwarten dich.	☐	☐
2. Der Tischler arbeitet.	☐	☐
3. MacCool und die anderen Wikinger sind mutig.	☐	☐
4. Dort kam mein Freund.	☐	☐
5. MacCool schläft.	☐	☐
6. Die Nationalmannschaft spielt.	☐	☐

Etwas Bekanntes: Der Aussagesatz

Eine Wiederholung

Aussagesatz = .

Der Aussagesatz kommt in der deutschen Sprache am häufigsten vor und ist dir in diesem Buch schon sehr oft begegnet. Ein Aussagesatz erzählt, berichtet, stellt fest oder teilt etwas mit. Du erkennst ihn an dem Punkt (.) am Ende des Satzes. In den Übungen, in denen du Satzglieder bestimmen mußtest, kamen nur Aussagesätze vor.

Peter geht in die Schule.
(erweiterter Aussagesatz)

In einem Aussagesatz steht das Prädikat an zweiter Stelle.

Das Prädikat steht in Aussagesätzen immer an der zweiten Stelle. Bei einer mehrteiligen Satzaussage (vgl. Seite 12) findest du nur den finiten Teil des Prädikats an der zweiten Stelle.

Peter **schreibt** einen Brief.
Peter **wird** einen Brief **schreiben.**

Alles, was du hier über den Aussagesatz erfahren hast, wußtest du auch schon aus den Kapiteln vorher. Daher verzichtet MacCool an dieser Stelle auf weitere Erläuterungen, und wir wenden uns direkt dem Übungsteil zu.

▪ Übung 3 ▪

B

Bilde Aussagesätze in der angegebenen Zeit.

1. ihm helfen wollen Peter (Gegenwart)

____

2. Mitteilung weitergeben dich ich die an (Zukunft)

____

3. auf niemand achten Weg den (Vergangenheit)

____

4. wir überprüfen den Motor müssen vor dem Anlassen (Gegenwart)

____

____

5. linken das Buch Schreibtischschublade in liegen der (Zukunft)

____

____

6. er gestern zurückkommen aus den Ferien (Vergangenheit)

____

7. sein MacCool tapferer ein Wikinger (Gegenwart)

____

____

Was nun? Der Fragesatz

Satzfrage und Entscheidungsfrage

Wir unterscheiden Satzfragen und Entscheidungsfragen.

Nur wer fragt, lernt auch. Einen Fragesatz erkennst du an dem Fragezeichen (?) am Ende des Satzes.
MacCool möchte dir nun zeigen, daß er auch dieses Thema beherrscht. Also lassen wir ihn erklären:
Wir unterscheiden Fragesätze mit und ohne Fragewörter. Fragewörter fangen immer mit einem „W“ an.

Wer? Was? Wo? Wann? ...

Einen Fragesatz, der mit einem Fragewort gebildet wird, nennt man auch Satzfrage, weil du meistens mit einem ganzen Satz antwortest.

Wer geht in die Schule? Peter geht in die Schule.

Satzfrage = Prädikat an zweiter Stelle.

In einer Satzfrage steht das Prädikat, wie in einem Aussagesatz, an der zweiten Stelle.
Der Fragesatz ohne ein Fragewort wird als Entscheidungsfrage bezeichnet. Die Antwort lautet meist nur „ja“ oder „nein“. Natürlich kannst du auch mit „vielleicht“, „wahrscheinlich“ oder anderen Wörtern antworten.

Gehst du heute in die Schule?

Entscheidungsfrage = Prädikat an erster Stelle.

In einer Entscheidungsfrage brauchst du kein Fragewort, das Prädikat steht immer an erster Stelle.
Und nun möchte MacCool mit dir üben. Bearbeite die Seite 77.

▪ Übung 4 ▪

A

Stelle jeweils eine Satzfrage und eine Entscheidungsfrage.

Beispiel: Wale und Elefanten sind Säugetiere.
Was sind Wale und Elefanten?
Sind Wale und Elefanten Säugetiere?

1. MacCool klettert auf den Mast des Wikingerschiffes.

____?

____?

2. Die Wikinger schicken Kundschafter aus.

____?

____?

3. Gestern waren die Wikinger noch auf hoher See.

____?

____?

4. MacCool schwamm aus Angst vor dem Bären durch den Fluß.

____?

____?

5. Die Wikinger haben Lebensmittel und Vorräte auf ihr Schiff geladen.

____?

____?

Übung 5

Ein Rätsel

Wandle die Aussagesätze in Satzfragen um, und finde die Lösung.

Beispiel: Es ist ein anderes Wort für Zeitwort. Wie heißt der andere Begriff (Wort) für Zeitwort? Verb.

1. Du findest es in einem Aussagesatz an zweiter Stelle.

2. Es ist die Frage nach dem Subjekt.

3. Diese Wortarten können Subjekt sein.

4. Man nennt es Satzergänzung.

5. Du darfst es nicht mit einer Umstandsbestimmung verwechseln.

▪ Übung 6 ▪

A

Frage und Antwort

Leider sind hier Fragen und Antworten etwas durcheinandergeraten. Kennst du die richtigen Antworten?

Beispiel: 1 und e gehören zusammen.

1. Wie lautet die deutsche Bezeichnung für Adverbiale?
a. Die deutsche Bezeichnung lautet Beifügung.

2. Kennst du eine andere Bezeichnung für Attribut?
b. Das Prädikat steht immer an zweiter Stelle.

3. Was ist eine finite Verbform?
c. Subjekt.

4. Wo steht das Prädikat in einem Aussagesatz?
d. Wen oder was?

5. Wie heißt der lateinische Begriff für Satzgegenstand?
e. Umstandsbestimmung.

6. Kennst du die Frage nach dem Akkusativobjekt?
f. Eine konjugierte Verbform.

7. Was ist ein Adjektiv?
g. Verb bezeichnet eine Wortart, Prädikat ein Satzglied.

8. Was ist der Unterschied zwischen Verb und Prädikat?
h. Ein Wiewort.

9. Wo steht das Prädikat in einer Satzfrage?
i. Fürwörter.

10. Was sind Pronomen?
j. Wie in einem Aussagesatz an zweiter Stelle.

Lies dieses Kapitel sorgfältig! Der Aufforderungssatz

Befehl und Ausruf

Aufforderungssatz = Prädikat an erster Stelle.

Mit einem Aufforderungssatz (Befehlssatz) kannst du eine andere Person auffordern, etwas zu tun. Das Prädikat steht am Anfang des Satzes und hat eine bestimmte Form: den Imperativ (Befehlsform).

Nimm das Buch!

Imperativ nur in der 2. Person Singular und in der 2. Person Plural.

Der Imperativ wird vom Präsens des Verbs abgeleitet und kommt nur in der 2. Person Singular und in der 2. Person Plural (du/ihr) vor.

Komm, schreib(e), red(e), lern(e), hör(e) ... (Singular)
Kommt, schreibt, redet, lernt, hört ... (Plural)

Im Unterschied zu den Aussage- und Fragesätzen fehlt in den Aufforderungssätzen meist das Subjekt (siehe Beispiel). Einen Befehlssatz erkennst du am Ausrufezeichen (!) am Ende des Satzes.

Wichtig: Auch Aussagesätze können ein Ausrufezeichen am Satzende haben. Dann handelt es sich aber um einen Ausruf und nicht um einen Befehl.

Nimm die Milch vom Herd! (Befehl)
Nun **nimm** doch die Milch vom Herd! (Ausruf)

Bist du dir nicht sicher, ob es sich um einen Ausruf oder um einen Befehl handelt, achte auf die Stellung des Prädikats. In einem Aufforderungssatz steht es immer an erster Stelle.

▪ Übung 7 ▪

A

Peter und Klaus haben einige Dinge zu erledigen. Ihre Mutter fordert sie nun auf.

Beispiel: Peter und Klaus sollen Hausaufgaben machen.
Mutter: „Macht doch endlich eure Hausaufgaben!"

Ein schlimmer Nachmittag

1. Klaus soll seiner Mutter beim Abspülen helfen.

   Mutter: „______________________________!"

2. Peter und Klaus sollen im Garten helfen.

   Mutter: „______________________________!"

3. Peter soll einen Brief an seinen Brieffreund schreiben.

   Mutter: „______________________________!"

4. Klaus soll sein Zimmer aufräumen.

   Mutter: „______________________________!"

5. Peter und Klaus sollen einkaufen gehen.

   Mutter: „______________________________!"

6. Peter soll heute abend nicht mehr zu lange im Bett lesen.

   Mutter: „______________________________!"

7. Klaus soll den Fernseher ausschalten.

   Mutter: „______________________________!"

Test: Hauptsätze

1 Hast du auch alles verstanden? Setze die fehlenden Satzzeichen (. ! ?) ein.

Eine Überraschung

... Plötzlich hatte MacCool eine Idee___ Überall hingen lange Lianen von den Bäumen, aus denen man hervorragende Seile knüpfen konnte. Schnell flüsterte er seinem Vater die Idee ins Ohr___ Wikinger hören nämlich nur auf ihren Anführer und nicht auf kleine Wikingerjungen. „Schneidet die Lianen ab, und knüpft Seile daraus___" befahl Zotan. „Mit den Seilen können wir dann die Mauern übersteigen___"

Alle Wikinger staunten, wie schlau ihr Anführer war, und machten sich an die Arbeit___ Gesagt, getan. Schnell waren die Seile geknüpft, und die Wikinger begannen, die Stadtmauer zu besteigen. MacCool bekam nun doch ein bißchen Angst, als er oben auf der Mauer stand und tief hinunter in die Stadt blickte. Doch was sah er nun___ Überall liefen fröhliche Menschen umher___ Manche waren in edle Gewänder gekleidet, andere trugen einfache, aber schön anzusehende Stoffe. Doch kein Mensch schien die Wikinger zu bemerken___ „Was soll das denn___" fragte Zotan zornig. „Alle müssen Angst vor uns Wikingern haben___" Endlich schaute einer der Bewohner nach oben und entdeckte die wilde Meute___ Doch anstatt vor Angst ...

Fortsetzung auf Seite 89

Hast du alle Satzzeichen richtig eingesetzt, darfst du dir 10 Punkte gutschreiben.

2

Sammle noch mehr Punkte! Jede richtige Antwort weist deinem Konto einen weiteren Punkt zu.

1. An welcher Stelle steht in einem Aussagesatz das Prädikat?

____

2. Kennst du einen anderen Begriff für die Befehlsform des Verbs?

____

3. Was ist der Unterschied zwischen einer Satzfrage und einer Entscheidungsfrage?

____

4. Kennst du ein Beispiel für einen Aussagesatz mit Ausrufezeichen?

____

3

Wer hat denn hier die Fragen vergessen? Bilde die Fragen zu den Antworten. Auch diesmal gibt es für jede richtige Antwort einen Punkt.

1. Ja, wir fahren dieses Jahr nach Spanien.
2. Karl May.
3. Nein, ich habe Moni noch nicht angerufen.
4. Roman Herzog.
5. Ich habe zwei Stunden mit dem Computer gespielt.
6. Nein, Hans hat seine Hausaufgaben noch nicht gemacht.
7. Berlin.

Summe 21

Hast du weniger als 15 Punkte erreicht, wiederhole noch einmal die Seiten 72–81.

WIR VERBINDEN SÄTZE

Die Satzreihe

Die Verbindung von zwei oder mehr Hauptsätzen nennt man Satzreihe.

Bisher haben wir immer nur Sätze untersucht, wenn sie alleine stehen. Natürlich ist es aber auch möglich, Hauptsätze miteinander zu verknüpfen. Diese Satzverbindung nennt man Satzreihe.

1. Hauptsatz: Peter kommt zu spät in die Schule.
2. Hauptsatz: Er hat verschlafen.

Willst du nun beide Hauptsätze verbinden, läßt du einfach den Punkt weg (er wird dann durch ein Komma ersetzt) oder verknüpfst die Sätze mit einem Bindewort (Konjunktion) wie: und, aber, doch, denn, darum, dennoch usw.

Peter kommt zu spät in die Schule**,** er hat verschlafen.
Peter kommt zu spät in die Schule**, denn** er hat verschlafen.

In einer Satzreihe trennst du die vollständigen Einzelsätze durch ein Komma.

Wichtig: In einer Satzreihe werden die Hauptsätze durch ein Komma getrennt, auch wenn sie durch Bindewörter wie „und", „aber" usw. verbunden sind.
Eine Satzreihe besteht aus mindestens zwei Einzelsätzen.
Paß auf! Ist einer der Einzelsätze nicht vollständig (wenn z. B. das Subjekt fehlt), werden die Einzelsätze **nicht** durch ein Komma getrennt.

Der Pilot bediente das Höhenruder und **zog die Maschine nach oben.**

Im zweiten Satz „zog die Maschine nach oben" fehlt das Subjekt „Pilot" bzw. „er". Dieser Satz ist somit nicht vollständig. Die Konjunktion „und" ersetzt das Komma.

■ Übung 1 ■

A

Verbinde die folgenden Sätze mit einer passenden Konjunktion (dennoch, denn, aber), und setze die Kommas.

Beispiel: MacCool war tapfer. Er fürchtete sich vor dem Bären.
MacCool war tapfer, dennoch fürchtete er sich vor dem Bären.

1. Der Lehrer betrachtete die Klassenarbeit nur flüchtig. Er entdeckte den Fehler sofort.
2. Vater hatte seinen Wagen überholen lassen. Er wollte ihn für eine Urlaubsreise benutzen.
3. Ich helfe dir bei der Arbeit. Ich übernehme keine Garantie.
4. Jürgen Klinsmann schießt viele Tore. Er ist ein guter Torjäger.

■ Übung 2 ■

B

In dieser kleinen Geschichte findest du nur einfache Hauptsätze. Schreibe die Geschichte in dein Heft, und verknüpfe dabei die Sätze durch sinnvolle Bindewörter (aber, denn, und). Denke an die Kommas!

Das Wikingerschiff

Dunkle Wolken zogen am Himmel herauf. Die Wikinger machten ihr Schiff klar. Sie mußten heute losfahren. Morgen sollten sie auf hoher See sein. Dreißig Säcke mit Weizen waren im Rumpf des Schiffes verladen. Zehn Fässer mit Wein hatten sie ebenfalls dabei. Die Wikinger lichteten den Anker. Sie legten ab. Die Frauen standen winkend am Ufer. Langsam fuhr das Schiff die Bucht hinaus.

ES GIBT NOCH MEHR SATZARTEN

Der Nebensatz

Nebensätze hängen von anderen Sätzen ab.

In vielen Geschichten, die du liest, kommen Sätze vor, die nicht für sich alleine stehen können.

..., **weil ich krank war.**

Diese Sätze heißen **Nebensätze.** Satzverbindungen von Haupt- und Nebensätzen bezeichnet man als **Satzgefüge.**
Einen Nebensatz kannst du ganz einfach erkennen:

Der Nebensatz:
– Er kann nicht für sich alleine stehen.
– Das Prädikat steht an letzter Stelle.

- Ein Nebensatz kann nicht für sich alleine stehen.
- In einem Nebensatz steht das Prädikat immer an letzter Stelle.
- Ein Nebensatz wird durch eine Konjunktion eingeleitet, die ihn mit dem Hauptsatz verknüpft, wie z. B.: weil, obwohl, indem usw.

Ganz allgemein teilen wir Nebensätze in zwei Gruppen ein:
1. Nebensätze, die durch ein Pronomen (Fürwort) oder ein Adverb (Umstandswort) eingeleitet werden.

MacCool, ***der*** *auf dem Schiffsdeck stand,* war aufgeregt.
(Einleitung durch ein Relativpronomen)

2. Nebensätze, die durch eine Konjunktion eingeleitet werden.

MacCool ist aufgeregt, ***weil*** *er auf dem Schiffsdeck steht.*
(Einleitung durch eine Konjunktion)

Trenne Hauptsatz und Nebensatz immer durch ein Komma!

Wichtig: Hauptsatz und Nebensatz werden immer durch ein Komma getrennt.

Übung 1

A

Unterstreiche in der Bildergeschichte alle Nebensätze.

A

▪ Übung 2 ▪

Hinten, vorn oder in der Mitte? Unterstreiche jeweils den Nebensatz!

1. MacCool bleibt im Bett, wenn es regnet.
2. Weil MacCool krank war, konnte er nicht in die Wikingerschule gehen.
3. Obwohl MacCool Angst hatte, ging er alleine in den Wald.
4. MacCool rannte schnell zum Ufer, damit er die Ankunft des Schiffes sehen konnte.
5. MacCool, der alleine zu Hause blieb, fürchtete sich.
6. MacCool lebt an einem Ort, wo Nordsee und Atlantik zusammenfließen.

A

▪ Übung 3 ▪

Bestimme die Form der Nebensätze! Unterstreiche Nebensätze, die durch eine Konjunktion eingeleitet werden, blau, und Nebensätze, die durch ein Pronomen eingeleitet werden, schwarz.

1. Das Haus, das einer alten Dame gehört, muß renoviert werden.
2. Bayern München verlor das Spiel, weil Lothar Matthäus verletzt war.
3. Bevor du die Klassenarbeit schreibst, mußt du lernen.
4. Der Lehrer, der heute Vertretung machen sollte, war krank.
5. Kennst du die Frau, die dort eingezogen ist?
6. Wenn ich in Deutsch besser werde, bekomme ich ein Mountainbike.

▪ Übung 4 ▪

B

Weiter geht es mit unserer Wikingergeschichte. Unterstreiche alle Nebensätze!

Der Empfang in der Stadt

... Doch anstatt vor Angst zu zittern, schauten die Bewohner freundlich lächelnd zu den Wikingern. Einige winkten ihnen zu und gaben den Wikingern Zeichen, daß sie hinunter in die Stadt kommen sollten. Völlig verwirrt kletterten unsere Helden die Stadtmauer hinab. MacCool hatte nun keine Angst mehr, weil alle Bewohner die Fremdlinge freudig begrüßten. „Wißt ihr denn nicht, wer wir sind?" rief Zotan den Einwohnern zu. Doch anstatt ihm eine Antwort zu geben, drängten sie die Wikinger zu dem Eingang eines großen Palastes, der mitten in der Stadt stand. Und was staunten diese, als sie eine reichlich gedeckte Tafel vorfanden, an der sie Platz nehmen sollten. Hungrig und durstig stürzten sich alle auf den Tisch. Plötzlich erscholl eine Posaune, und ein großer, kräftiger Mann, der eine goldene Krone trug, betrat den Saal. „Eßt nur weiter, Freunde", begrüßte er die Wikinger. „Wir, die in der goldenen Stadt leben, begrüßen euch! Wir kennen nur Frieden und tragen aus diesem Grunde auch keine Waffen. Deshalb müßt ihr uns helfen:" ...

Fortsetzung auf Seite 101

Nebensätze ersetzen Satzglieder: Der Adverbialsatz

Abhängigkeit von Nebensätzen

Nebensätze ersetzen Satzglieder.

Wie du schon weißt, können Nebensätze nicht alleine stehen, weil sie von einem Hauptsatz abhängen. Häufig ist es so, daß der Nebensatz ein Satzglied des Hauptsatzes ersetzt. Der Nebensatz kann dabei alle dir bekannten Satzglieder wie Subjekt, Objekt und Adverbialien, manchmal auch das Prädikat, ersetzen.

Der Arbeitende muß schlafen.
Wer arbeitet, muß schlafen. (Subjekt)
Ich erkläre dir die Grammatikregeln.
Ich erkläre dir, **wie es geht.** (Akkusativobjekt)

Im ersten Beispielsatz ersetzt der Nebensatz das Subjekt, im zweiten ein Akkusativobjekt. Oft klingen diese Ersatzkonstruktionen besser (vgl. Beispiel).

Häufig ersetzen Nebensätze Adverbialien.

Besonders häufig ersetzen Nebensätze Adverbialien.
Wie dir von den Umstandsbestimmungen bekannt ist (vgl. Seite 50–57), unterscheiden wir auch hier vier Sinnrichtungen. Wenn du dich noch erinnern kannst, schreibe sie kurz auf:

1. ______________________________

2. ______________________________

3. ______________________________

4. ______________________________

Die vier Adverbialsätze

Nebensätze, die anstelle des Satzglieds der Adverbialien stehen, heißen Adverbialsätze.
Wie die meisten Nebensätze werden sie durch Konjunktionen (Bindewörter) oder Pronomen eingeleitet. Auf Seite 90 haben wir dich noch einmal nach den vier Sinnrichtungen der Adverbialien gefragt. Wenn du sie noch alle weißt, kennst du auch die unterschiedlichen Adverbialsätze:

1. Temporalsätze
Der Temporalsatz erklärt das Zeitverhältnis zwischen dem Hauptsatz und dem Nebensatz.

Während MacCool auf der Mauer stand,
schauten die Einwohner nach oben.

In unserem Beispielsatz drückt der Temporalsatz eine Gleichzeitigkeit aus. Genausogut kann aber auch eine Vor- bzw. Nachzeitigkeit ausgedrückt werden.

2. Lokalsätze
Lokale Nebensätze erklären den Ort, die Lage oder die Richtung.

Wo MacCool eben noch stand, steht nun ein anderer Wikinger.

3. Modalsätze
Modale Nebensätze beschreiben die Art und Weise (wie?) einer Handlung.

Die Wikinger kamen in die Stadt,
ohne daß sie durch das Stadttor gingen.

4. Kausalsätze
Diese Nebensätze geben den Grund einer Handlung bzw. eines Geschehens an.

Weil die Wikinger keine Angst hatten,
erkletterten sie die Stadtmauer.

Wir unterscheiden vier Adverbialsätze:
- **Temporalsätze**
- **Lokalsätze**
- **Modalsätze**
- **Kausalsätze**

Konjunktionen
- **für Temporalsätze: während, nachdem, als usw.**
- **für Modalsätze: indem, wobei, ohne daß usw.**
- **für Kausalsätze: da, weil, wenn, so daß usw.**

Übung 5

Welche Sinnrichtung haben die Nebensätze? Unterstreiche die Nebensätze, und bestimme sie. Benutze folgende Abkürzungen: TS = Temporalsatz, LS = Lokalsatz, MS = Modalsatz und KS = Kausalsatz.

1. Weil Klaus nicht gelernt hatte, fiel seine Englischarbeit nicht gut aus.

   ____

2. Peter ging in die Stadt, weil er sich die neue Lernhilfe kaufen wollte.

   ____

3. Bevor MacCool in die Schule geht, putzt er sich die Zähne. ________
4. Im Sommerschlußverkauf waren überall viele Leute, wo er auch hinging. ________
5. Nachdem die Wikinger Seile geknüpft hatten, konnten sie die Stadtmauer erklettern. ________
6. Peter verschaffte sich Gehör, indem er schrie. ________
7. MacCool schlief heute sofort ein, weil er so viel erlebt hatte. ________
8. Während Familie Meier im Urlaub ist, gießt die Nachbarin die Blumen. ________
9. Peter weiß nicht, wann er morgen in die Schule muß. ________
10. Christa fuhr mit der Straßenbahn durch die ganze Stadt, ohne daß sie umsteigen mußte. ________

Straßenbahn im Zentrum von Erfurt, Thüringen

▪ Übung 6 ▪

A

Verbinde jeweils die beiden Sätze mit einer geeigneten Konjunktion. Achte darauf, daß *ein* Satz immer ein Nebensatz ist, und trenne Haupt- und Nebensatz durch ein Komma.

Beispiel: Peter geht heute ins Kino. Vorher trifft er sich mit seinen Freunden.
Bevor Peter ins Kino geht, trifft er sich mit seinen Freunden.

1. Vater mäht den Rasen. Das Gras steht zu hoch.
2. MacCool frühstückt. Danach geht er in die Schule.
3. Gestern regnete es. Wir gingen nicht zum Trödelmarkt.
4. Silber ist ein Edelmetall. Es oxidiert nicht an der Luft. (Oxidieren: sich mit Sauerstoff verbinden.)
5. MacCools Mutter kocht heute eine Suppe. Sie benutzt kein Kochbuch.
6. Die Flut kommt. Niemand darf ins Wasser.
7. Das Flugzeug wurde betankt. Es hob ab.
8. Christa macht ihre Hausaufgaben. Sie hört Radio.
9. Es ist kein Kläger da. Es ist kein Richter da. (Sprichwort)
10. Kalle Riedle war verletzt. Borussia Dortmund verlor das Spiel.

Andreas Möller setzt zu einem Fallrückzieher an, um seinen Gegenspieler zu überlisten

B

Übung 7

MacCool hat nur Hauptsätze verwendet, um diese Geschichte zu erzählen. Mache es besser! Verbinde die Hauptsätze zu Satzgefügen!

Wer zuletzt lacht, lacht am besten

Wochenende. Fritz und Franz putzen ihre Fahrräder. Die Fahrräder sind sehr schmutzig. Zuerst putzen sie die Fahrräder. Danach ölen sie die Ketten und räumen das Werkzeug beiseite.

Sie starten zu ihrer Fahrradtour. Sie sind mit Öl verschmiert. Auf dem Hof warten zwei Schulfreunde. Sie sehen die glänzenden Fahrräder. Sie sind neidisch.

Fritz und Franz fahren vorneweg. Ein Auto überholt sie. Das Auto fährt durch eine große Pfütze. Fritz und Franz und ihre Fahrräder werden von oben bis unten mit Schlamm bespritzt. Die zwei Freunde lachen. Die sauberen Fahrräder sind nun wieder schmutzig.

Die Freunde machen eine Pause. Ein großer Bus fährt vorbei. Er fährt ebenfalls durch eine große Pfütze. Er bespritzt nun auch die anderen Jungen. Fritz und Franz stehen lachend am Straßenrand. Sie sehen die mit Schlamm bespritzten Freunde.

Kausalsätze haben unterschiedliche Sinnrichtungen

Es gibt fünf Sinnrichtungen:
- **Kausalsatz**
- **Finalsatz**
- **Konsekutivsatz**
- **Konditionalsatz**
- **Konzessivsatz**

Bei Kausalsätzen (Adverbialsätzen des Grundes) kannst du fünf Sinnrichtungen unterscheiden:

1. Kausalsatz (Grund; vgl. Seite 91)

Ich gehe in die Schule, **weil ich etwas lernen will.**

Nebensätze, die den Grund oder die Ursache erklären, werden häufig mit der Konjunktion „weil" gebildet.

2. Finalsatz (Absicht)

Ich gehe in die Schule, **damit ich etwas lerne.**

„Damit" und „daß" sind Konjunktionen, die sehr oft einen Finalsatz einleiten.

3. Konsekutivsatz (Folge)

Petra lernte keine Vokabeln, **so daß sie einen schlechten Test schrieb.**

Konsekutivsätze kannst du mit den Konjunktionen „daß" und „so daß" bilden.

4. Konditionalsatz (Bedingung)

Wenn Petra Vokabeln lernt, schreibt sie keinen schlechten Test.

„Wenn" und „falls" leiten häufig Konditionalsätze ein.

5. Konzessivsatz (Einräumung)

Obwohl die Sonne schien, zog er eine Jacke an.

„Obwohl" ist eine typische Konjunktion, mit der du einen Konzessivsatz einleiten kannst.

■ Übung 8 ■

B

Unterstreiche die Kausalsätze, und bestimme die Sinnrichtung.

Beispiel: Falls es heißer als 26°C wird,

Konditionalsatz

gibt es hitzefrei.

1. Peter lief so schnell zur Bushaltestelle, daß er den Bus gerade noch erreichte.

____

____

____

2. Susanne schrieb die Englischarbeit gut, obwohl sie nicht gelernt hatte.

____

3. Klaus fuhr mit dem Taxi nach Hause, obgleich die Busse noch fuhren.

____

4. Petra ißt ihr Essen sehr schnell, weil sie Hunger hat.

____

5. Christian spart sein Taschengeld, damit er sich ein Computerspiel kaufen kann.

____

____

6. Wenn es regnet, fällt das Tennisspiel aus.

____

7. Der Lehrer mahnt Peter, daß er die Grammatikregeln übt.

____

Test: Adverbialsätze

Jede richtige Antwort ergibt einen Punkt im Schlußspurt:

1. Kann ein Adverbialsatz in einem Satzgefüge stehen?

____

2. Welche Satzglieder kann ein Nebensatz ersetzen?

____

3. Kennst du die vier Sinnrichtungen der Adverbialien?

____

4. Kannst du den Begriff „Adverbialsatz" erklären?

Ein Adverbialsatz ist ein ______________________________

____

5. Wie viele Konjunktionen kennst du, die Modalsätze einleiten?

____

6. Ist die folgende Aussage wahr oder falsch?

„Weil" leitet oft einen Kausalsatz ein. __________

7. Kannst du den Ausdruck „Finalsatz" erklären?

____

____

8. Ist der Nebensatz im folgenden Satzgefüge ein Konditionalsatz? (Ja/Nein)
Falls Vanessa heute noch Fieber hat, geht sie nicht zur Schule.

____

9. Nenne zwei Konjunktionen, die einen Finalsatz einleiten können.

____

10. An welcher Stelle steht in einem Adverbialsatz das Prädikat?

____

11. Wo können Adverbialsätze in einem Satzgefüge stehen?

____

12. Kann ein Adverbialsatz für sich alleine stehen?

____

13. Ist der folgende Adverbialsatz ein Konsekutivsatz? (Ja/Nein)
Mutter vergaß beim Backen die Hefe,
so daß der Kuchen nicht aufging. ___________

14. Welche Umstandsbestimmung ersetzt der Adverbialsatz?
Nachdem Hans sein Fahrrad geputzt hatte, fuhr er ins Freibad.

____

Summe 14

Hast du weniger als 8 Punkte in unserem Test „Adverbialsätze“ erreicht, solltest du die Seiten 90–97 noch einmal wiederholen.

Eine tolle Rutsche im Schwimmbad von Seefeld, Tirol

Wir kommen zum Schluß: Der Attributsatz

Definition und Abgrenzung

Ein Attributsatz ist ein Nebensatz, der ein Satzglied näher erläutert.

Weißt du noch, was ein Attribut ist? Sicher kannst du dich erinnern. Ein Attribut ist eine Beifügung, die ein Satzglied näher erläutert. Genauso verhält es sich bei einem Attributsatz. Der Attributsatz ist ein Nebensatz, der ein Satzglied, das wir als Bezugswort bezeichnen, genauer erklärt.

Peter ist ein Schüler, **der fleißig lernt.**

Attributsätze sind meist Relativsätze.

Wie du siehst, steht der Attributsatz immer hinter dem Bezugswort (Schüler). Er wird meistens durch ein rückbezügliches Fürwort (ein Relativpronomen wie „der“, „die“, „das“) oder durch Fürwörter wie „wo“, „womit“ usw. eingeleitet. Deshalb bezeichnen wir diesen Nebensatz als **Relativsatz.**
Wichtig: Das Relativpronomen steht immer im gleichen Genus und Numerus wie das Bezugswort. Den Kasus (Fall) bestimmt die Konstruktion des Relativsatzes.
Wenn du dich nicht mehr an die vier Fälle erinnern kannst, schlage die Seite 37 auf, und schaue dir die Deklination noch einmal an.

Verwechsle nicht einen indirekten Fragesatz mit einem Relativsatz!

Vorsicht: Man kann sehr leicht indirekte Fragesätze und Relativsätze verwechseln!

1. Der Lehrer möchte wissen, **was er gelernt hat.** (indirekter Fragesatz)
2. Peter zeigt dem Lehrer, **was er gelernt hat.** (Relativsatz)

Zur Unterscheidung merke dir folgende Regel: *Einen indirekten Fragesatz kannst du immer in eine direkte Frage umwandeln.*
Wichtig: Der Sinn des Satzes darf sich nicht verändern!

Der Lehrer möchte wissen: Was hat er gelernt?

Bei unserem zweiten Beispielsatz ist diese Umwandlung, ohne den Sinn zu verändern, nicht möglich.

■ Übung 9 ■

B

Unterstreiche in unserer Fortsetzungsgeschichte alle Relativsätze.

Das Geheimnis

... „Deshalb müßt ihr uns helfen: Unsere Stadt und deren Einwohner sind verflucht. Nur an vier Tagen im Jahr wird unsere Stadt, die ansonsten unsichtbar ist, für andere Menschen sichtbar. Ein böser Magier, der hinter den Bergen lebt, sprach diesen Fluch vor Jahrhunderten aus. Seitdem warten wir auf tapfere und redliche Männer, die uns von diesem Fluch erlösen. Euer Lohn wird Gold und Silber sein, das in unserer Stadt keinen Wert hat." Schweigend saßen MacCool und die anderen Wikinger da und vergaßen ihren großen Hunger. „Aber wie können wir euch von diesem Fluch, der euch auferlegt ist, befreien?" fragte Zotan. „Ein Kind, das tapfer und klug ist, muß zum Zauberer gesandt werden", antwortete der König der Stadt. „Dieses Kind muß drei Fragen richtig beantworten. In unserer Stadt gibt es seit Jahrzehnten keine Kinder mehr, so daß wir schon alle Hoffnung, die wir hatten, aufgegeben haben."

„Und ihr verlangt von mir, daß ich meinen Sohn MacCool schicke?" fragte Zotan erbost. „Vater, Vater", rief MacCool. „Laß mich gehen, ich möchte diesen Menschen helfen. Die drei Fragen können gar nicht so schwer sein, daß ich sie nicht beantworten kann. Ich bin regelmäßig in die Schule gegangen, und ich weiß mehr, als du glaubst." Als MacCool dies sagte, war ihm selber nicht ganz wohl in seiner Haut. Was war, wenn er die Fragen, die der böse Zauberer stellte, nicht beantworten konnte? Zotan überlegte lange. Die ältesten Wikinger und der König zogen sich in einen Raum, der an den Saal grenzte, zurück. Nach vier Stunden, die MacCool viel länger vorkamen, erschienen sie alle wieder im Saal. „Nun gut", sprach Zotan, „wenn du dir deiner Sache ganz sicher bist, lasse ich dich gehen. Drei Männer werden dich zu deiner Sicherheit begleiten. Wenn du bis heute abend nicht zurück bist, werden wir Wikinger dem Zauberer zeigen, was es bedeutet, sich mit Wikingern anzulegen."

MacCool, der gar nicht damit gerechnet hatte, daß sein Vater zustimmen würde, war es nun plötzlich ganz mulmig geworden. Doch jetzt mußte er die Suppe, die er sich eingebrockt hatte, auch auslöffeln. Alle Wikinger verabschiedeten MacCool und seine drei Begleiter vor dem Stadttor. Ganz verstohlen wischte sich Zotan eine Träne von der Wange. ...

Fortsetzung auf Seite 108

B

▪ Übung 10 ▪

Bestimme den Kasus der Relativpronomen!

Beispiel: Das ist das Haus, dessen Besitzer gestorben ist.
Relativpronomen = dessen = Genitiv Singular

1. Die Straße, die nach links abbiegt, führt nach München.
2. Ich grüßte den Mann, den ich gestern kennenlernte.
3. Er half einer Frau, der er vorher noch nie begegnet war.
4. Vater besuchte die Stadt, in der er geboren worden war.
5. Hänsel und Gretel kamen an ein Häuschen, das der bösen Hexe gehörte.
6. Wer seine Hausaufgaben hatte, den fragte der Lehrer nicht.
7. Vater kaufte das Auto, dessen Besitzer im Ausland war.

A

▪ Übung 11 ▪

Ergänze die Aussagen durch Relativsätze!

1. Neil Armstrong war der erste Mensch, ______________________________
2. Christoph Kolumbus war ein Abenteurer, ___________________________
3. Idefix ist der kleine Hund, ______________________________________
4. Kreta ist eine Insel, ____
5. Boris Becker war der erste deutsche Tennisspieler,

   ____

6. Caught in the Act ist eine Popgruppe,

   ____

   ____

■ Übung 12 ■

B

Unterstreiche und bestimme das Satzglied, das der Relativsatz näher erläutert.

1. Schulhefte, die in der Klasse zurückbleiben, sammelt der Lehrer ein.
2. Der Lehrer lobt den Schüler, den er gestern noch ermahnte.
3. Dies ist eine Übung, bei der du dein Wissen überprüfen kannst.
4. Mutter besucht ihre alte Schulfreundin, die sie seit zehn Jahren nicht gesehen hat.
5. MacCool, der nun Angst hatte, ging mit drei Wikingern zum Zauberer, der hinter den Bergen lebte.
6. Der Arzt untersuchte den Arm, den sich der Mann gebrochen hatte.

■ Übung 13 ■

A

Mache aus zwei Hauptsätzen ein Satzgefüge aus Hauptsatz und Relativsatz. Denke an die Kommas!

Beispiel: MacCool ist ein tapferer Wikingerjunge. MacCool lebt in einem kleinen Dorf.
MacCool ist ein tapferer Wikingerjunge, der in einem kleinen Dorf lebt.

1. MacCool fährt mit seinem Vater auf Entdeckungsreise. Sein Vater ist Häuptling der Wikinger.
2. Das Schiff hat große Segel und viele Ruderer. Die Ruderer sind kräftig.
3. MacCool soll die Fragen des Zauberers beantworten. MacCool ist der klügste der Wikinger.
4. Der Zauberer lebt in einer großen Burg. Die Burg liegt hinter den Bergen.
5. Diese Übung kannst du bestimmt. Sie ist nicht schwer.

Test: Nebensätze

1 Finde den Nebensatz (die Nebensätze), und unterstreiche ihn (sie). Jede richtige Lösung ergibt einen Punkt.

1. Der Briefträger, der nicht wußte, wo er klingeln sollte, nahm den Brief wieder mit.
2. Borussia Dortmund wurde Deutscher Meister, nachdem sie den HSV mit 2:0 besiegt hatte.
3. Wenn im Sommer, wo es heiß und trocken ist, die Menschen, die ansonsten in den Städten leben, die dann wie leer wirken, sich in die Autos setzen und den Weg in die Freibäder ansteuern, wo man dann keinen Fuß vor den anderen setzen kann, ist es wieder Urlaubszeit.
4. Bevor Mutter in die Stadt geht, die am Samstag immer voller Leute ist, geht sie zur Bank, damit sie genügend Geld hat.
5. Das schnellste Tier, das ich kenne, ist der Gepard.
6. Wenn MacCool die richtigen Antworten weiß, kann er die Stadt, die von einem Zauberer verflucht ist, befreien.
7. Peter kommt zu spät zur Schule, weil er heute morgen verschlief.
8. Ich mache diese Übung, damit ich etwas lerne.

Summe 8

Der Gepard kann Geschwindigkeiten von über 100 km pro Stunde erreichen

Indirekter Fragesatz oder Relativsatz? Kennzeichne indirekte Fragesätze mit IF und Relativsätze mit RS. Für jede richtige Lösung gibt es einen Punkt. 2

1. Erkläre mir, wie der Videorecorder funktioniert. ________
2. Mutter möchte wissen, wo die Schuhe stehen. ________
3. Wer seine Hausaufgaben nicht hat, soll sich melden. ________
4. MacCool zeigt Klaus, was er gebastelt hat. ________

Verbinde die Hauptsätze durch eine geeignete Konjunktion bzw. mit einem Relativpronomen zu einem Satzgefüge. Auch hier erhältst du für jede richtige Lösung einen Punkt.

1. Christian spart sein ganzes Taschengeld. Er will sich einen Computer kaufen.
2. MacCool geht heute nicht in die Schule. Er ist krank.
3. MacCool kam ins Klassenzimmer der Wikingerschule. Es schellte gerade.
4. Heute macht die Klasse einen Ausflug. Der Ausflug geht in die Berge.
5. Zotan ist ein mutiger Krieger. Er ist seit vielen Jahren Häuptling der Wikinger.

Summe 9

3 Fragen über Fragen. Vorsicht! Eine Frage paßt nicht zum Thema „Nebensätze"! Welche? Jede richtige Antwort ergibt einen Punkt.

1. Was ist eine Satzreihe?

____

____

2. Nenne mindestens zwei Merkmale, an denen du einen Nebensatz erkennen kannst.

____

____

3. Nebensätze können in zwei Gruppen eingeteilt werden. Kennst du sie?

____

____

4. Woran kannst du erkennen, ob ein Nebensatz ein indirekter Fragesatz oder ein Relativsatz ist?

____

____

5. Wie lautet der deutsche Begriff für „Konjunktion"?

____

6. Warum, meinst du, gibt es nicht nur Hauptsätze?

____

____

7. Nenne alle Satzglieder, die ein Nebensatz vertreten kann.

____

____

Summe 7

MacCool hat noch nicht alles verstanden. Mache es besser! Finde die Fehler, und verbessere die Sätze. Stimmen deine Lösungen, erhältst du zu jedem Satz einen Punkt. **4**

1. MacCool lief vor dem Bären davon, weil er hatte Angst.

____

____

2. Eine Zaubervorstellung von David Copperfield fand, bei der auch Claudia Schiffer anwesend war, in Dortmund statt.

____

____

3. Weil MacCool verschlief, kam er rechtzeitig zur Schule.

____

4. MacCool darf heute nicht in die Schule, weil er muß zu Hause bleiben.

____

5. Das gestern stattgefundene Konzert von Caught in the Act fiel aus.

____

6. MacCool lief, nachdem er den Bären gesehen hatte, weg.

____

Summe 6

Hast du weniger als 19 Punkte erreicht, solltest du die Seiten 86–103 noch einmal wiederholen.

Summe Teil 1:	
Summe Teil 2:	
Summe Teil 3:	
Summe Teil 4:	
Summe	**30**

JETZT KOMMT DER ENDSPURT!

Abschlußtest zu Satzgliedern und Satzarten

1 Nun erfährst du endlich, wie unsere Geschichte ausgeht. Unterstreiche beim Lesen alle Hauptsätze rot und die Nebensätze blau.

MacCool und der böse Zauberer

... Nach einer Stunde näherten sie sich den Bergen. Obwohl MacCool und seine Begleiter schon sehr müde waren, überquerten sie die Berge und sahen plötzlich ein riesiges, furchteinflößendes Schloß vor sich. Laut erhob sich eine Stimme, die aus dem Schloß kam: „Komm nur herein, mein kleiner Wikinger! Ich habe lange auf dich gewartet. Tritt durch das große Tor, aber laß deine Begleiter vor dem Schloß warten!" Nun könnt ihr euch bestimmt vorstellen, wie MacCool zumute war. Plötzlich verließ ihn doch aller Mut. Er sollte alleine zum bösen Zauberer. Aber konnte er die armen Menschen, die in der verwunschenen Stadt lebten, einfach enttäuschen? Nein, er nahm sein Herz in die Hand, verabschiedete sich von seinen Begleitern und ging ins Schloß. Nirgendwo gab es Fenster, so daß alles dunkel war und noch furchteinflößender wirkte. Nachdem MacCool so einige Minuten ziellos durch das Schloß geirrt war, kam er in einen großen Raum, der von Kerzen beleuchtet war. Mitten in diesem Raum stand ein großer Sessel, auf dem der Zauberer saß. Er hatte langes, weißes Haar, einen Bart und trug ein langes Gewand. „Tritt nur näher", sprach er, als er MacCool erblickte. „Du meinst, daß du meine Fragen beantworten kannst? Nur so kann der Zauber, der auf der Stadt liegt, aufgehoben werden." MacCool war froh, daß er immer in der Schule gewesen war. Dort hatte er alles fleißig gelernt. Konnte der Zauberer noch so viele Fragen stellen, er war sich sicher, daß er sie beantworten konnte. „Bist du bereit?" fragte der Zauberer. MacCool nickte, und der Zauberer stellte seine erste Frage: „Wie lautet die Frage nach dem Akkusativobjekt?" Erleichtert atmete MacCool auf. Das schien ja ganz einfach zu sein. „Die Frage nach dem Akkusativobjekt lautet: ____________________________?" (Nun, kennst du die Antwort?) Der Zauberer wurde ganz bleich im Gesicht, als er merkte, daß MacCool in der Schule aufgepaßt haben mußte. „Die zweite Frage kannst du

bestimmt nicht beantworten. Was sind Pronomen?" MacCool wurde immer mutiger, denn auch diese Frage stellte ihn vor keinerlei Probleme. Hatte er Pronomen doch in der Woche vor seiner Abreise in der Schule durchgenommen. „Pronomen sind ______________________________",
antwortete MacCool selbstbewußt. (Setze die richtige Antwort ein!)
Als MacCool auch die zweite Frage richtig beantwortete, wurde der Zauberer zornig. Sollte es wirklich jemanden geben, der in der Schule aufgepaßt hatte? Doch die dritte Frage sollte so schwer sein, daß sie keiner beantworten konnte. „Was sind die Unterschiede zwischen Haupt- und Nebensätzen?" fragte der Zauberer mit lauter Stimme. Und nun stutzte MacCool. Er wußte, daß sie dieses Thema schon in der Wikingerschule besprochen hatten. Doch ihm fiel einfach nicht die Lösung ein. An dieser Stelle müßt ihr MacCool helfen. Gebt die richtige Antwort:

____

____

____

In dem Augenblick, als der Zauberer die richtige Antwort hörte, gab es einen lauten Knall, und der Zauberer und sein Schloß waren verschwunden. MacCool und die tapferen Wikinger, die draußen vor dem Tor gewartet hatten, standen wieder mitten in der Stadt. Glücklich rannten sein Vater und die Einwohner auf MacCool zu.
Alle strahlten vor Glück und hoben unseren kleinen Wikingerjungen auf ihre Schultern. Sie trugen ihn wieder in den Festsaal, und dort feierten die Wikinger und die Einwohner ein großes Freudenfest.
Seitdem wird jedes Jahr dieser Tag gefeiert, weil die Bewohner MacCool, dem kleinen Wikinger, für ihre Befreiung von dem Zauberer danken wollen.
Daß ihr MacCool ein kleines bißchen geholfen habt, erfuhr keiner.

Hast du mindestens 40 Hauptsätze und mindestens 20 Nebensätze gefunden, kannst du deinem Konto 10 Punkte gutschreiben. Wenn nicht, gibt es bei Test 1 leider keine Punkte. (Beachte, was MacCool dir noch zu sagen hat!)

2 Alles war so schön geordnet! Finde die richtige deutsche Bezeichnung für die lateinischen Begriffe!

MacCool wirft alles durcheinander

Subjekt: ____________________

Substantiv: ____________________

Prädikat: ____________________

Pronomen: ____________________

Präposition: ____________________

Verb: ____________________

Adjektiv: ____________________

Attribut: ____________________

finite Verbform: ____________________

Plural: ____________________

Deklination: ____________________

maskulin: ____________________

Artikel: ____________________

Für jede richtige deutsche Bezeichnung gibt es 1 Punkt, insgesamt also 13 Punkte.

gebeugte Verbform **Zeitwort** **Fürwort**
Verhältniswort **männlich**
Satzaussage **Hauptwort** **Satzgegenstand**
Beifügung
Mehrzahl **Beugung** **Begleiter** **Eigenschaftswort**

3

Unterstreiche alle Satzglieder in den folgenden Sätzen, und bestimme sie.

Champs-Élysées und Arc de Triomphe in Paris

Beispiel: Peter fährt heute nach Paris.

Peter	fährt	heute	nach Paris.
↓	↓	↓	↓
Subjekt	Prädikat	Adverbiale der Zeit	Adverbiale des Ortes

1. Gestern besuchte Frank seine Großmutter in Frankfurt. **(2)**

____

2. Frank fand das Haus seiner Großmutter nicht sofort. **(2)**

____

3. Seine Großmutter schaute aus dem großen Wohnzimmerfenster des schönen Hauses. **(3)**

____

4. Plötzlich sah sie Frank um die Straßenecke an der Litfaßsäule kommen. **(3)**

____

5. Freudig öffnete sie ihm die Haustür; sie begrüßte ihn herzlich. **(3)**

____

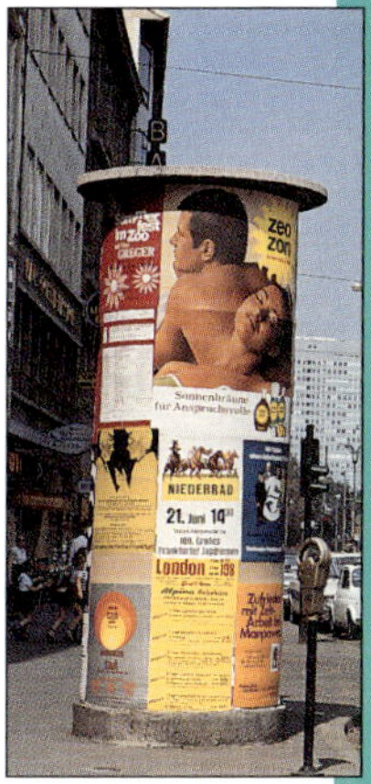

Litfaßsäule in Frankfurt

Summe 13

Hast du weniger als 30 Punkte erreicht, solltest du am besten noch einmal von vorne anfangen.

Summe Teil 1:	
Summe Teil 2:	
Summe Teil 3:	
Summe	**45**

GRAMMATISCHE GRUNDBEGRIFFE

Wortarten

Lateinisch	Deutsch	Beispiele
Adjektiv	Eigenschaftswort/Wiewort	grün
Adverb	Umstandswort	dort/da
Artikel	Geschlechtswort/Begleiter	der/die/ein
Konjunktion	Bindewort	und/aber
Nomen (vgl. Substantiv)	Hauptwort	Kind
Personalpronomen	persönliches Fürwort	er/sie/es
Präposition	Verhältniswort	an/auf/mit
Relativpronomen	bezügliches Fürwort	der/wer
Substantiv (vgl. Nomen)	Hauptwort	Kind
Verb	Zeitwort/Tätigkeitswort	gehen
– finites Verb	Zeitwort, dem eine Person zugeordnet ist	du gehst
– infinites Verb	Zeitwort ohne Person	gehen
– transitives Verb	Zeitwort mit Akkusativobjekt	ich sehe dich
– intransitives Verb	Zeitwort ohne Akkusativobjekt	ich gebe dir

Satzglieder

Lateinisch	Deutsch	Beispiele
Adverbiale	Umstandsbestimmung	
– temporal	Umstandsbestimmung der Zeit	gestern/heute
– lokal	Umstandsbestimmung des Ortes	in Hamburg
– modal	Umstandsbestimmung der Art und Weise	wie ein Mann
– kausal	Umstandsbestimmung des Grundes	wegen dieser Sache

Lateinisch	Deutsch	Beispiele
Akkusativ	4. Fall	die Frau
Dativ	3. Fall	der Frau
Deklination	Beugung des Hauptwortes	
Genitiv	2. Fall	der Frau
Genus	Geschlecht	
Infinitiv	Grundform des Verbs	gehen
Kasus	Fall (vgl. Nominativ usw.)	
Konjugation	Beugung von Verben	
Nominativ	1. Fall	die Frau
Numerus	Anzahlform (Mehrzahl/Einzahl)	
Plural	Mehrzahl	zwei Wikinger
Singular	Einzahl	ein Wikinger

Lateinisch	Deutsch	Beispiele
Objekt	Satzergänzung	
– Genitivobjekt	Objekt im 2. Fall	des Mannes
– Dativobjekt	Objekt im 3. Fall	dem Mann(e)
– Akkusativobjekt	Objekt im 4. Fall	den Mann
Präpositionalobjekt	Objekt mit Verhältniswort	mit dem Mann
Prädikat	Satzaussage	Peter geht.
Subjekt	Satzgegenstand	Peter geht.

LÖSUNGEN

Das Prädikat

Seite 11

Übung 1

1. Morgen fährt Peter mit dem Auto zur Arbeit.
2. Mit dem Auto fährt Peter morgen zur Arbeit.
3. Zur Arbeit fährt Peter morgen mit dem Auto.
4. Peter fährt mit dem Auto morgen zur Arbeit.

Nein, der Sinn des Satzes verändert sich nicht, nur die Betonung der einzelnen Satzglieder.

Übung 2

Es waren einmal ein Bruder und eine Schwester; die fielen ins Wasser. Eine Wassernixe rettete sie. Als Dank für die Rettung arbeiteten die Kinder für die Nixe. Das Mädchen spann Flachs und schleppte Wasser in ein hohles Faß. Der Junge fällte einen Baum mit einer stumpfen Axt. Die harte Arbeit belohnte die Nixe aber nur mit steinharten Klößen. So flohen die Kinder eines Tages. Die Nixe verfolgte die Geschwister jedoch mit schnellen Schritten. Die Kinder warfen daraufhin eine Bürste, und es ergab einen Bürstenberg mit tausend Stacheln. Die Nixe kletterte mit großer Müh' über den Bürstenberg. Da warf der Junge einen Kamm, und es ergab einen großen Kammberg mit tausend Zinken. Die Nixe kletterte über die Zinken und überstieg so auch dieses Hindernis.

Nun warf das Mädchen einen Spiegel, und es ergab einen Spiegelberg. Da stand die Nixe vor dem glatten Spiegelberg. Sie holte geschwind eine Axt. Damit schlug die Nixe auf den Spiegelberg. Dieser zersprang, und die Nixe sah die Kinder nicht mehr und trollte sich in ihren Brunnen.

Seite 13

Übung 3

Die Kinder haben wieder nicht aufgeräumt. Ich muß ihnen den Marsch blasen. Ich werde nicht mehr hinter euch herräumen! Ihr räumt sofort auf! Es hat schon so viele Unfälle wegen herumliegender Dinge gegeben. Hast du dir weh getan? Komm, ich werde dir helfen! Fangen wir beim Aufräumen gleich mit dem Besen an!

Seite 15

Übung 4

1 l; 2 c; 3 b; 4 e; 5 a; 6 k; 7 h; 8 f; 9 j; 10 i; 11 g; 12 d.

Seite 16

Übung 5

verlor / eingenäht hatte / machte bekannt / versprach / habe gefunden / nimm zurück / sprach / fand / versicherte / kamen / blieben / war / verloren hat / fand / nimmst / kommt / verlor / findet / sprach.

Seite 18

Übung 6

Vollverb: 1; 3; 5; 7
Hilfsverb: 6; 8
Modalverb: 2; 4

Seite 19

Test

1. Das Prädikat ist die Satzaussage. 2. Was macht das Subjekt? 3. Eine Verbform, der eine Person zugeordnet ist. 4. Vollverb (einteiliges Verb) / Verb + abgetrennter Verbteil / Verb + Grundform mit „zu" / Modalverb + Grundform / „sein" und „haben" + Partizip. 5. An zweiter Stelle.

Das Subjekt

Seite 20

Beispiel

Die Vögel fliegen in den Süden.

Seite 21

Übung 1

MacCool / er / der Bär / der / Äste und Steine / MacCool / er / Der Bär / Er / MacCool / MacCool / der Bär / er / MacCool / er / Das / er.

Seite 23

Übung 2

1. Ein Bär verfolgte MacCool. 2. Das Keuchen des Bären war fürchterlich. 3. MacCool lief ganz schnell. 4. Der Busch war ein gutes Versteck. 5. Der Bär kletterte auf einen Baum.

Seite 25

Übung 3

1. In diesem Restaurant darf nicht geraucht werden. 2. Griechenland ist sehr heiß. 3. „es" darf nicht ersetzt werden. 4. Das Brot muß zwei Stunden backen. 5. „es" darf nicht ersetzt werden. 6. Über den Nachrichtensprecher darf gelacht werden.

Seite 26

Übung 4

Hauptwort: Eine Menge; Walli, die Hofhündin; das Wetter; Klaus.
Wiewort: Die Kleinen; der Klügere.
Zeitwort: Das Laufen; das Bellen und Toben; das Heulen.
Fürwort: wir; sie; sie; wir; es; wir; wir; ich; ich.

Seite 27

Übung 5

Maus / er / Maus / sie / er / du / ich / er / Es / die Maus / Jäger / die Maus / das Seil / du / kleine Mäuse.

Seite 28

Test 1

... Normalerweise nehmen sich Bären selten in acht. Es war zwar ein bißchen unfair, was MacCool plante, aber in der Not greift man zu solchen Mitteln. Der Bär stolperte und überschlug sich mehrmals. Oh, was fluchte der Bär! Noch nie habt ihr solche Bärenflüche gehört.

MacCool rannte schnell weiter und hatte bald 50 m Vorsprung. Doch nun war unser Bär noch böser. Noch nie hatte man ihm so etwas Hinterhältiges und Gemeines angetan. Bald war er MacCool schon wieder dicht auf den Fersen. „Jetzt ist mein Ende gekommen", dachte MacCool, als er plötzlich einen großen Fluß sah. Schnell stürzte er sich in die Fluten und rettete sich ans andere Ufer. Gevatter Bär aber sah den Fluß vor lauter Wut viel zu spät. „Plumps", machte es, und er landete laut fluchend im Wasser. Bären mögen nämlich kein Wasser, und ...

Seite 29

Test 2

knacken / saust / brennt / blecken / tanzt / schluckt / rauchen / duftet / wärmen / hüllt / flieht.

Das Akkusativobjekt

Seite 31

Übung 1

1. Der Bär verfolgte MacCool. (MacCool verfolgte den Bären.) 2. Die Fußballfans bejubelten ihre Mannschaft. 3. Peter und Klaus machen die Hausaufgaben zusammen. 4. Wir bekamen viele Geschenke zu Weihnachten. 5. Unser Lehrer gibt in jeder Stunde gute Ratschläge. 6. Der dümmste Bauer hat die größten Kartoffeln.

Seite 32

Übung 2

Fürwort: ihn, ihn.
Wiewort: die Kräftigsten und Stärksten.
Zeitwort: das Schießen.
Hauptwort: eine Reise, andere Schiffe, die Mannschaft, den Vater, dieselbe Antwort.

Seite 33

Übung 3

... Bären mögen nämlich kein Wasser, und nun stand unser Bär im Fluß. Von oben bis unten war er pitschnaß. MacCool mußte lachen, denn ihr könnt euch ja vorstellen, wie lustig solch ein nasser Bär aussieht. MacCool atmete auf. Den Fluß konnte der Bär, der vor lauter Wut im Wasser tobte, nicht überwinden. Im allgemeinen können Bären ja schwimmen, aber in unserer Geschichte haben wir es mit einem besonders dummen Bären zu tun, der einfach zuviel Angst vor Wasser hatte. Daß MacCool eigentlich nur Glück gehabt hatte, konnte er nicht wissen, denn als das Thema Bären in der Wikingerschule besprochen wurde, fehlte er ausnahmsweise. So machte er sich nun, stolz darauf, den Bären hereingelegt zu haben, auf den Heimweg. Auf einmal merkte er, wie hungrig er eigentlich war. Von einem Bären verfolgt zu werden ...

Das Genitivobjekt und das Dativobjekt

Seite 34

Beispiele

Wessen bediente sich der Lehrer? Genitivobjekt: der Tafel.
Wem schadet Schokolade? Dativobjekt: den Zähnen.

Seite 35

Übung 1

Wir folgen dir. / Wir glauben ihm. / Wir sehen dem Ballon zu. / Wir danken der Mutter. / Wir winken ihr. (Wir winken ihnen.)

Übung 2

Der Bär verschläft den Sommer. / Der Schüler widerspricht dem Lehrer. / Der Lehrer antwortet dem Schüler. / Der Zug verläßt den Bahnhof. / Der Anzug gefällt ihm. / Bayern München verliert das Spiel.

Zusammenfassung und Ergänzungen

Seite 38

Übung 3

Engländer, ich, William, bin der neue Herrscher.
Wir werden unser Land von den Wikingern befreien.
Wir bringen die Wikinger auf Vordermann und geben den Eroberern das, was sie verdienen.
Ich gedenke unseres alten Herrschers Ivor.
Ein Wikinger nähert sich dem Lager.
Aha! Die haben wohl gemerkt, daß wir einen neuen Herrscher haben. Öffne das Tor!
Nun, Wikinger? Dein Auftreten gefällt mir nicht. Du kommst, um dich zu unterwerfen?
Engländer, ergreift den Zwerg! Wir werden ihm zeigen, was richtige Engländer sind.
Hilfe! Hilfe! Sie verfolgen mich!
Folgt mir, Engländer! Wir werden es dem Wikinger schon zeigen.
Ich lasse euch erst wieder aus der Fallgrube heraus, wenn ihr eure Grammatik besser beherrscht!

Seite 40

Übung 4

1. Viele Schüler haben keine Lust zur Mitarbeit. 2. Ein Sammler mag die Trennung von seinen Briefmarken nicht. 3. Wir bitten um die umgehende Korrektur der Klassenarbeiten. 4. Man sollte die Wiederholung des Erfolges versuchen. 5. Ich verbiete dir das Spielen mit meinem Game Boy. 6. Wir bereiten uns auf die Wanderung vor.

Seite 41

Übung 5

Für Samstag war die Wanderung geplant. Die ersten Strahlen der Sonne (Genitiv) kamen durch die Wolken (Akkusativ). Die Dächer der Häuser (Genitiv) leuchteten. Mutter gab uns die Brote (Akkusativ). Um 9.00 Uhr machten wir uns auf den Weg (Akkusativ). Klaus und ich stiegen auf die Fahrräder (Akkusativ) und fuhren los. Nach einer Stunde näherten wir uns dem Startpunkt (Dativ) der Wanderung (Genitiv). Klaus schloß die Fahrräder (Akkusativ) ab, und wir machten uns auf den Weg. Zuerst ging es mitten durch den Wald (Akkusativ). Nach drei Kilometern legten wir die erste Pause (Akkusativ) ein. Plötzlich tauchten dunkle Wolken am Himmel auf. Schnell machten wir uns auf den Weg zu den Fahrrädern (Dativ). Doch kurz bevor Klaus und ich zu Hause ankamen, erwischte uns der Regen. Pitschnaß schoben wir die Fahrräder (Akkusativ) in die Garage. In der Haustür stand Mutter und lachte uns lauthals aus.

Seite 43

Übung 6

... Von einem Bären verfolgt zu werden macht kleine Wikingerjungen nun einmal hungrig. Als er zu Hause ankam, hatte seine Mutter schon einen großen Braten auf den Tisch gestellt. Schnell rannte MacCool zu einem Faß mit Regenwasser und wusch sich die Hände, denn auch Wikinger dürfen sich nicht mit ungewaschenen Händen an einen Mittagstisch setzen. Hungrig setzte er sich an den Tisch, als auch schon sein Vater, Zotan, nach Hause kam. Die Beute eines Jagdausfluges mit einem Freund trug er stolz vor sich her. „Ich habe eine Überraschung für dich, mein Sohn", sagte er, als er sich zu MacCool an den Tisch setzte. „Morgen stechen wir in See, zu einer richtigen Seeräuberreise, und du kommst mit."
Auf einmal hatte MacCool keinen Hunger mehr. Endlich, endlich war es soweit. Er durfte auf seine erste Schiffsreise. Schnell nahm er sich ein Stück des Bratens, wollte nach draußen laufen, um mit dieser Neuigkeit vor seinen Freunden zu prahlen, als er die mächtige Stimme seines Vaters hörte. „Halt, mein Sohn! Zuerst wird in Ruhe gegessen, denn richtige Wikinger müssen stark und kräftig sein." ...

Seite 44

Test

1. Satzergänzung / 2. Ein transitives Verb steht mit einem Akkusativobjekt, intransitive Verben mit den anderen Fällen. / 3. Wen oder was? / 4. Pronomen, substantivierte Adjektive und Verben. / 5. Genitiv. / 6. Wem glaubt meine Mutter? Mir. = Dativobjekt / 7. Klaus gibt mir einen Videofilm. / 8. Man kann die Frage nach den Fällen stellen, oder man bestimmt den Begleiter bzw. den Artikel des Objekts. / 9. Das Subjekt steht immer im Nominativ. / 10. Eine finite Verbform ist ein Verb, dem eine Person zugeordnet ist. (konjugierte Verbform) / 11. Die ersten Strahlen der Sonne verliehen der Stadt einen Hauch von Frühling.

Seite 46

Beispiel

Unser Präpositionalobjekt steht im Dativ.

Seite 47

Übung 7

1. An was verschluckt sich Peter? An einer Fischgräte. = Dativ / 2. An was arbeitet Klaus? An einem Referat. = Dativ / 3. Mit wem geht Sandra? Mit Klaus. = Dativ / 4. Über wen oder was spricht der Lehrer? Über das Thema „Satzarten". = Akkusativ / 5. Um wen sorge ich mich? Um dich. = Akkusativ

Seite 48

Übung 8

1. MacCool wartet auf seinen Vater. (Akkusativ) / 2. Ich fürchte mich vor Spinnen. (Dativ) / 3. Christa beteiligt sich am Seifenkistenrennen. (Dativ) / 4. Frank hört mit dem Lernen auf. (Dativ) / 5. Susanne tanzt mit Fredi. (Dativ) / 6. Der Lehrer achtet auf die Schüler. (Akkusativ) / 7. Der Lehrer spricht über die Satzergänzungen. (Akkusativ)

Seite 49
Übung 9

Es war einmal eine kleine Ameise, die hieß Klaus. Jeden Tag ärgerte sich Klaus über den Lärm und den Gestank der vorbeifahrenden Autos. Denn ihr müßt wissen, von den großen Zweifüßern (so nennt man in Ameisenkreisen die Menschen) ist eine Bundesstraße gebaut worden. Klaus arbeitete jeden Tag an einer kleinen Mauer, die den Lärm abhalten sollte. Doch es half nicht viel. Eines Tages, als er sich besonders geärgert hatte, sagte sich Klaus: „Nun reicht es." Er ging mit Fritz, seinem besten Freund, los, um es den Autos zu zeigen. Klaus war so wütend und böse, daß er nicht an die Gefahren dachte: „Ich werde es den Zweifüßern schon zeigen", sagte er sich immer wieder. Ehe Fritz seinen Freund vor der Gefahr warnen konnte, betrat Klaus wutschnaubend die Bundesstraße. Drohend stellte er sich auf die Hinterbeinchen, als sich die ersten Autos näherten. Fritz hatte sehr viel Angst um seinen besten Freund. Doch die Autos hielten nicht an und achteten nicht auf Klaus. Enttäuscht verließ Klaus die Bundesstraße. „Der Klügere gibt nach!" sagte er zu Fritz, der vor Angst zitterte. „Ich arbeite weiter an meinem Lärmschutz."

Das Adverbiale

Seite 51
Übung 1

... Wegen der Neuigkeit (G) konnte MacCool in dieser Nacht (Z) überhaupt (A) nicht schlafen. Er war so aufgeregt, daß er sich ständig (A) von der einen auf die andere Seite (O) rollte. Pünktlich um 6.00 Uhr (Z) kam Zotan, und sie packten ihre Sachen zusammen. Als sie zum Wikingerboot (O) kamen, war überall (O) wegen der bevorstehenden Reise (G) eine allgemeine Hektik ausgebrochen. Mit schnellen Schritten

und geübten Griffen (A) luden kräftige Wikinger Vorräte in den Schiffsrumpf (O), so daß das Boot schon sehr tief im Wasser (O) lag. Hoch oben am Mast (O) turnten weitere Männer, die die Segel herabließen. Mit einem Mal wurde es MacCool doch sehr mulmig (A). Mit Bären zu kämpfen ist eine Sache, aber mit erfahrenen Wikingern auf Reise (O) zu gehen eine andere. Als das Wikingerboot dann losmachte, sah er seine Mutter, die am Ufer (O) stand und dem sich entfernenden Schiff zuwinkte. Auf dem Boot (O) wurde nun kräftig (A) gearbeitet, so daß keiner für MacCool Zeit hatte. Nach vier Wochen Fahrt (Z) schrie auf einmal der Mann im Ausguck (O): ...

Seite 53
Übung 2

1. Falsch. (Richtig: Wegen des starken Regens verspätete ich mich.) 2. Richtig. 3. Falsch. (Richtig: Wegen des Staus kam ich zu spät zur Arbeit.) 4. Richtig.

Übung 3

1. Umstandsbestimmung des Ortes / 2. Präpositionalobjekt / 3. Umstandsbestimmung des Ortes / 4. Präpositionalobjekt / 5. Umstandsbestimmung des Ortes / 6. Präpositionalobjekt

Seite 55
Übung 4

1. unentgeltlich = Adjektiv / 2. gestern = Adverb / 3. aufwärts = Adverb / 4. genau = Adverb / 5. unwahrscheinlich schön = zwei Adjektive / 6. in das Museum = Substantiv + Präposition

Übung 5

früher / überall / danach / heute / dadurch / leider / später

Seite 56

Übung 6

Früher lebte in Hameln ein wunderlicher Mann. / Überall versprach er ... / Danach kamen alle Mäuse und Ratten ... / ... das ihr noch heute in Hameln bewundern könnt / Dadurch folgten ihm alle Tiere und ertranken. / Leider gaben die Bürger ihm nicht ... / Später wurde erzählt, daß ...

Seite 57

Übung 7

1. Letztes Jahr (Z) feierten wir meinen Geburtstag in Spanien (O). 2. Heute (Z) gingen wir schnell (A) in die Schule (O). 3. Wegen der schweren Arbeit (G) hatte er Schwielen an den Händen (O). 4. Langsam (A) aß er die Suppe im Restaurant (O). 5. In der Nacht (Z) bekam Peter wegen des schlechten Essens (G) Magenschmerzen. 6. Klaus schlug gestern (Z) die Tür aus Wut (G) zu. 7. In Barcelona (O) fuhr Michael Schumacher schneller (A) als Damon Hill. 8. Heute morgen (Z) standen viele Leute lange (Z) auf dem Bahnsteig (O). 9. In diesem Jahr (Z) fahren wir in den Sommerferien (Z) nach Sylt (O). 10. Der Zug fährt in fünf Minuten (Z) verspätet (A) ab. 11. Beim Auslaufen des Schiffes (Z) stand MacCool aufgeregt (A) an Deck (O). 12. Infolge des schlechten Wetters (G) konnte das Flugzeug gestern (Z) nicht rechtzeitig (A) starten.

Das Attribut

Seite 59

Übung 1

Tiger leben in Indien und in den meisten Ländern Südostasiens. Sie leben in großen Wäldern und weiten Steppen. Wenn du einen Tiger im Zoo siehst, meinst du zuerst, daß sein gelbes Fell mit schwarzen Streifen leicht zu erkennen ist. Im Dickicht eines Dschungels aber, oder in den Ebenen der Steppen, ist er durch seine geschickte Tarnung kaum zu erkennen. Diese Tarnung des Tigers ist für das Überleben sehr wichtig. Er ist ein starker und kräftiger Jäger, den alle Tiere ohne seine geschickte Tarnung sofort erkennen würden.

Der Tiger besitzt ein starkes Gebiß mit scharfen Zähnen, um seine Beute zu zerreißen und zu fressen. Er frißt Wild, Affen und andere kleine Tiere, aber auch schon einmal Kühe. Dabei ist er so stark, daß er seine Beute Hunderte von Metern in sichere Verstecke des Dschungels schleppen kann. Normalerweise jagen und fressen Tiger in der Nacht. Sie mögen die Hitze des Tages nicht und suchen sich für den Tag ruhige und sichere Rastplätze. Wenn ein Tiger an einen Fluß zum Trinken kommt, beobachtet er seine Umgebung ständig. Er ist ein ausgezeichneter und kräftiger Schwimmer, der selbst große Flüsse ohne Anstrengung durchschwimmen kann. Der Tiger, ein naher Verwandter unserer Katze, ist aber kein guter Kletterer.

Seite 60

Übung 2

1. Dein dickes Buch habe ich zurückgebracht. Wortgruppe: dein dickes Buch / 2. Ich werde die Bücher des unbekannten Forschers nicht kaufen. Wortgruppe: die Bücher des unbekannten Forschers / 3. Ich werde mir das interessante Buch über die seltenen Tiere Afrikas kaufen. Wortgruppen: das interessante Buch, die seltenen Tiere Afrikas / 4. Fröhlich spielten die Kinder, trotz des schlechten Wetters, in ihren Zimmern. Wortgruppe: trotz des schlechten Wetters (Apposition!) / 5. Nach einer schnellen Fahrt erreichte er die große Stadt. Wortgruppen: schnelle Fahrt, große Stadt / 6. Mit 16 Waggons fuhr der Zug durch die glühende Wüste. Durch die glühende Wüste fuhr der Zug mit 16 Waggons. Wortgruppen: glühende Wüste, mit 16 Waggons.

Seite 61

Übung 3

Kanada ist nach Rußland das größte Land der Erde. Über 4 000 km beträgt die Entfernung vom nördlichsten bis zum südlichsten Punkt. 6 000 km sind es von Vancouver im äußersten Westen bis nach Neufundland im Osten. Auf dieser gewaltig langen Strecke benötigen Transkontinentaleisenbahnen 5 ½ Tage, um das Land zu durchqueren. Der größte Teil Kanadas liegt im Bereich der kalten Klimazone. Aus der riesigen Eiswelt der Arktis dringt eisige Luft im Winter nach Süden vor, denn es gibt, wie in Europa die Alpen, kein Gebirge, das sie daran hindert. Kanada ist ein zweisprachiges Land. Englisch und Französisch sind Amtssprachen. Dies läßt sich durch die langjährige Besetzung Kanadas durch Frankreich erklären.

Seite 63

Übung 4

1. Attr. / Adv. 2. Adv. / Attr. 3. Adv. / Attr. 4. Attr. / Adv. 5. Attr. / Adv. 6. Adv. / Attr. 7. Attr. / Adv.

Seite 64

Übung 5

So könnten deine Beschreibungen aussehen:
MacCool hat eine kleine, schlanke Figur. Er hat einen schmalen Mund und zierliche Hände. MacCool trägt ein rotes Halstuch und graue Schuhe. Auf dem Kopf trägt er einen verzierten Helm.
Zotan hat eine große, breitschultrige Figur. Er hat einen durch den Bart zugewachsenen Mund und mächtige Hände. Zotan trägt ein grünes Halstuch und rotbraune Schuhe. Auf dem Kopf trägt er einen einfachen Helm.

Seite 65

Übung 6

1. falsch / 2. richtig / 3. richtig / 4. falsch / 5. falsch / 6. falsch / 7. falsch / 8. richtig / 9. richtig / 10. richtig
Richtig muß es lauten:
1. Das Attribut ist eine Beifügung zu einem Satzglied. 4. Nein, das Attribut ist kein selbständiges Satzglied, weil es immer von einem Bezugswort abhängig ist. 5. Nein, man kann Attribute nicht erfragen. 6. Ein Adjektivattribut wird wie sein Bezugswort dekliniert. 7. Auch die Apposition ist ein Attribut.

Abschlußtest

Seite 67

Test 1

1. Die Rose ist verblüht. 2. Der Ofen hatte geglüht. 3. Wir sind ermahnt worden. 4. Die Bohlen und Balken müssen abgeladen werden. 5. Das Laufen ist anstrengend. 6. Auch das Schöne wird vergehen.

Test 2

1. Subjekt = Artikel + Hauptwort / Prädikat = Hilfsverb + Partizip 2. Subjekt = Artikel + Hauptwort / Prädikat = Hilfsverb + Partizip 3. Subjekt = Personalpronomen / Prädikat = Hilfsverb „sein" + „werden" + Partizip 4. Subjekt = Artikel + zwei Hauptwörter / Prädikat = Modalverb „müssen" + Hilfsverb „werden" + Partizip 5. Subjekt = Artikel + substantiviertes Verb / Prädikat = Hilfsverb + Adjektiv 6. Subjekt = Artikel + substantiviertes Adjektiv / Prädikat = Hilfsverb + Infinitiv

Seite 68

Test 3

1. Der Reisende bediente sich des Autos. 2. Vater gibt dem Auto eine neue Farbe. 3. Ich kaufe das Auto. 4. Die Polizei fahndet nach dem gestohlenen Auto. 5. In meinem Auto ist die Heizung defekt. 6. Durch die grüne Farbe des Autos fiel das Auto besonders auf.

Seite 69

Test 4

... schrie auf einmal der Mann im Ausguck: „Land in Sicht!" Alle Wikinger stürmten an Deck und hielten Ausschau. Tatsächlich, vor ihnen lag eine große Insel. Mitten auf der Insel konnte MacCool große Türme einer Stadt erkennen. Schnell drehten die Wikinger ihr Boot bei und gingen an Land. MacCool mußte immer neben seinem Vater gehen, denn ihr könnt euch ja vorstellen, wie gefährlich solch eine unbekannte Insel sein kann. Von überallher hörten sie ungewöhnliche Geräusche. So langsam bekam MacCool doch Angst. Kamen dort wilde Tiere oder unbekannte Ungeheuer? Doch ehe MacCool weiterdenken konnte, standen sie vor einer riesigen Stadt, die von einer gigantischen Stadtmauer umgeben war. Zotan befahl seinen Wikingern zu lagern. Die Stadt schien unbewohnt. Nirgends hörten oder sahen unsere Wikinger Menschen, die doch diese Stadt erbaut haben mußten. Und es gab noch ein weiteres Problem. Wie sollten sie in die Stadt gelangen? Alle Wikinger saßen nun da und grübelten, denn ihr wißt ja: Wikinger sind zwar groß, kräftig und auch mutig, aber nicht immer sehr klug. Plötzlich ...

Seite 70

Test 5

1. Wer oder was? 2. Umstandsbestimmung der Zeit, des Ortes, des Grundes und der Art und Weise. 3. Nominativ / Genitiv / Dativ / Akkusativ 4. Falsch! Es muß „wegen" lauten (Wegen der vielen Fabriken ...) 5. Drei Attribute: mutigen, unbekannten, unheimlichen. 6. Transitive Verben ziehen ein Verb im Akkusativ nach. 7. Wessen? 8. a. sauer = Umstandsbestimmung der Art und Weise (Wie riecht die Milch?) / b. sauer = Adjektivattribut zu Milch. 9. Mit Wortart ist immer nur die Bestimmung eines einzelnen Wortes gemeint. Ein Satzglied hingegen kann auch aus mehreren Wörtern bzw.

Wortarten bestehen. 10. Subjekt, Prädikat, Objekt, Umstandsbestimmung. 11. Hopfen und Malz sind das Geheimnis eines guten Bieres. 12. Hauptwörter, Pronomen, substantivierte Verben oder Adjektive und Eigennamen. 13. Ja, ein Bezugswort kann mehrere Attribute haben.

Der Hauptsatz

Seite 73

Übung 1

1. Vollständig. 2. Vollständig. 3. Wir wollen ein neues Auto kaufen. 4. Die Flut überschwemmt Köln. 5. Vollständig. 6. Die Flut überschreitet die Hochwassermarke.

Übung 2

1. erweitert / 2. einfach / 3. erweitert / 4. erweitert / 5. einfach / 6. einfach

1. Die Eltern erwarten dich. 2. Der Tischler arbeitet. 3. MacCool und die anderen Wikinger sind mutig. 4. Dort kam mein Freund. 5. MacCool schläft. 6. Die Nationalmannschaft spielt.

Seite 75

Übung 3

1. Peter will ihm helfen. 2. Ich werde die Mitteilung an dich weitergeben. 3. Niemand achtete auf den Weg (oder: Niemand hat auf den Weg geachtet.). 4. Wir müssen den Motor vor dem Anlassen überprüfen. 5. Das Buch wird in der linken Schreibtischschublade liegen. 6. Gestern kam er aus den Ferien zurück (oder: Gestern ist er aus den Ferien zurückgekommen.). 7. MacCool ist ein tapferer Wikinger.

Seite 77

Übung 4

1. Wohin klettert MacCool? Klettert MacCool auf den Mast des Wikingerschiffes? 2. Wen schicken die Wikinger aus? Schicken die Wikinger Kundschafter aus? 3. Wo waren die Wikinger gestern noch? Waren die Wikinger gestern noch auf hoher See? 4. Warum schwamm MacCool durch den Fluß? Schwamm MacCool aus Angst vor dem Bären durch den Fluß? 5. Was haben die Wikinger auf ihr Schiff geladen? Haben die Wikinger Lebensmittel und Vorräte auf ihr Schiff geladen?

Seite 78

Übung 5

1. Was steht in einem Aussagesatz an zweiter Stelle? Das Prädikat. 2. Wie lautet die Frage nach dem Subjekt? Wer oder was macht etwas? 3. Welche Wortarten können Subjekt sein? Hauptwörter, Eigennamen, Pronomen und substantivierte Verben oder Adjektive. 4. Was ist eine Satzergänzung? Ein Objekt. 5. Was darfst du nicht mit einer Umstandsbestimmung verwechseln? Das Attribut.

Seite 79

Übung 6

1 e; 2 a; 3 f; 4 b; 5 c; 6 d; 7 h; 8 g; 9 j; 10 i.

Seite 81

Übung 7

1. „Hilf doch endlich beim Abspülen!“ 2. „Helft doch bitte im Garten!“ 3. „Schreib doch endlich einen Brief an deinen Brieffreund!“ 4. „Räum dein Zimmer auf!“ 5. „Geht ihr bitte einkaufen!“ 6. „Lies bitte nicht mehr zu lange im Bett!“ 7. „Schalte bitte den Fernseher aus!“

Seite 82

Test 1

... Plötzlich hatte MacCool eine Idee**.** ... Schnell flüsterte er seinem Vater die Idee ins Ohr**.** ... „Schneidet die Lianen ab, und knüpft Seile daraus**!**“ ... „Mit den Seilen können wir dann die Mauern übersteigen**.**“ Alle Wikinger staunten, wie schlau ihr Anführer war, und machten sich an die Arbeit**.** ... Doch was sah er nun**?** Überall liefen fröhliche Menschen umher**.** ... Doch kein Mensch schien die Wikinger zu bemerken**.** „Was soll das denn**?**“ ... „Alle müssen Angst vor uns Wikingern haben**!**“ Endlich schaute einer der Bewohner nach oben und entdeckte die wilde Meute**.** ...

Seite 83

Test 2

1. In einem Aussagesatz steht das Prädikat an zweiter Stelle. 2. Imperativ. 3. Eine Satzfrage wird immer von einem Fragewort eingeleitet, eine Entscheidungsfrage nicht. 4. Bei einem Ausruf: Nun nimm doch endlich das Essen vom Herd!

Test 3

1. Fahrt ihr dieses Jahr nach Spanien? 2. Wer hat Winnetou geschrieben? 3. Hast du Moni schon angerufen? 4. Wer ist der Bundespräsident von Deutschland? 5. Wie lange hast du mit dem Computer gespielt? 6. Hat Hans seine Hausaufgaben schon gemacht? 7. Wie heißt die Hauptstadt von Deutschland?

Die Satzreihe

Seite 85

Übung 1

1. Der Lehrer betrachtete die Klassenarbeit nur flüchtig, dennoch entdeckte er den Fehler sofort. 2. Vater hatte seinen Wagen überholen lassen, denn er wollte ihn für eine Urlaubsreise benutzen. 3. Ich helfe dir bei der Arbeit, aber ich übernehme keine Garantie. 4. Jürgen Klinsmann schießt viele Tore, denn er ist ein guter Torjäger.

Übung 2

So könnte deine Geschichte aussehen:
Dunkle Wolken zogen am Himmel herauf, aber die Wikinger machten ihr Schiff klar. Sie mußten heute losfahren, denn morgen sollten sie auf hoher See sein. Dreißig Säcke mit Weizen waren im Rumpf des Schiffes verladen, und zehn Fässer mit Wein hatten sie ebenfalls dabei. Die Wikinger lichteten den Anker, denn sie legten ab. Die Frauen standen winkend am Ufer, und langsam fuhr das Schiff die Bucht hinaus.

Der Nebensatz

Seite 87

Übung 1

Der Faulpelz schläft, <u>weil er gestern zu spät ins Bett gegangen ist</u>. Und die Hausaufgaben, <u>die seit gestern hier liegen</u>, sind auch nicht gemacht. Ich spendiere dir ein Eis, <u>wenn du deine Hausaufgaben erledigt hast</u>! Ich muß sofort die Nebensätze, <u>die uns der Lehrer gestern aufgegeben hat</u>, üben.

Seite 88

Übung 2

1. MacCool bleibt im Bett, wenn es regnet.
2. Weil MacCool krank war, konnte er nicht in die Wikingerschule gehen. 3. Obwohl MacCool Angst hatte, ging er alleine in den Wald.
4. MacCool rannte schnell zum Ufer, damit er die Ankunft des Schiffes sehen konnte.
5. MacCool, der alleine zu Hause blieb, fürchtete sich. 6. MacCool lebt an einem Ort, wo Nordsee und Atlantik zusammenfließen.

Übung 3

1. Das Haus, das einer alten Dame gehört, muß renoviert werden. 2. Bayern München verlor das Spiel, weil Lothar Matthäus verletzt war.
3. Bevor du die Klassenarbeit schreibst, mußt du lernen. 4. Der Lehrer, der heute Vertretung machen sollte, war krank. 5. Kennst du die Frau, die dort eingezogen ist? 6. Wenn ich in Deutsch besser werde, bekomme ich ein Mountainbike.

Seite 89

Übung 4

... Doch anstatt vor Angst zu zittern, schauten die Bewohner freundlich lächelnd zu den Wikingern. Einige winkten ihnen zu und gaben den Wikingern Zeichen, daß sie hinunter in die Stadt kommen sollten. Völlig verwirrt kletterten unsere Helden die Stadtmauer hinab. MacCool hatte nun keine Angst mehr, weil alle Bewohner die Fremdlinge freudig begrüßten. „Wißt ihr denn nicht, wer wir sind?" rief Zotan den Einwohnern zu. Doch anstatt ihm eine Antwort zu geben, drängten sie die Wikinger zu dem Eingang eines großen Palastes, der mitten in der Stadt stand. Und was staunten diese, als sie eine reichlich gedeckte Tafel vorfanden, an der sie Platz nehmen sollten. Hungrig und durstig stürzten sich alle auf den Tisch. Plötzlich erscholl eine Posaune, und ein großer, kräftiger Mann, der eine goldene Krone trug, betrat den Saal. „Eßt nur weiter, Freunde", begrüßte er die Wikinger. „Wir, die in der goldenen Stadt leben, begrüßen euch! Wir kennen nur Frieden und tragen aus diesem Grunde auch keine Waffen. Deshalb müßt ihr uns helfen." ...

Seite 90

Beispiele

1. Umstandsbestimmung der Zeit
2. Umstandsbestimmung des Ortes
3. Umstandsbestimmung der Art und Weise
4. Umstandsbestimmung des Grundes

Seite 92

Übung 5

1. Weil Klaus nicht gelernt hatte, fiel seine Englischarbeit nicht gut aus. (KS) 2. Peter ging in die Stadt, weil er sich die neue Lernhilfe kaufen wollte. (KS) 3. Bevor MacCool in die Schule geht, putzt er sich die Zähne. (TS) 4. Im Sommerschlußverkauf waren überall viele Leute, wo er auch hinging. (LS) 5. Nachdem die Wikinger Seile geknüpft hatten, konnten sie die Stadtmauer erklettern. (TS) 6. Peter verschaffte sich Gehör, indem er schrie. (MS) 7. MacCool schlief heute sofort ein, weil er so viel erlebt hatte. (KS) 8. Während Familie Meier im Urlaub ist, gießt die Nachbarin die Blumen. (TS)
9. Peter weiß nicht, wann er morgen in die Schule muß. (TS) 10. Christa fuhr mit der Straßenbahn durch die ganze Stadt, ohne daß sie umsteigen mußte. (MS)

Seite 93

Übung 6

1. Vater mäht den Rasen, weil das Gras zu hoch steht. 2. Bevor MacCool in die Schule geht, frühstückt er. 3. Weil es gestern regnete, gingen wir nicht zum Trödelmarkt. 4. Silber ist ein Edelmetall, weil es nicht an der Luft oxidiert. 5. MacCools Mutter kocht heute eine Suppe, ohne daß sie ein Kochbuch benutzt. 6. Weil die Flut kommt, darf niemand ins Wasser. 7. Nachdem das Flugzeug betankt wurde, hob es ab. 8. Christa macht ihre Hausaufgaben, während sie Radio hört. 9. Wo kein Kläger ist, ist auch kein Richter. 10. Weil Kalle Riedle verletzt war, verlor Borussia Dortmund das Spiel.

Seite 94

Übung 7

So könnte deine Geschichte aussehen:
Es ist Wochenende. Fritz und Franz putzen ihre Fahrräder, weil sie sehr schmutzig sind. Nachdem sie die Fahrräder geputzt haben, ölen sie die Ketten und räumen das Werkzeug beiseite. Als sie zu ihrer Fahrradtour starten wollen, sind sie mit Öl verschmiert. Auf dem Hof warten zwei Schulfreunde. Als sie die glänzenden Fahrräder sehen, sind sie neidisch. Während Fritz und Franz vorneweg fahren, überholt sie ein Auto. Als das Auto durch eine große Pfütze fährt, werden Fritz und Franz und ihre Fahrräder von oben bis unten mit Schlamm bespritzt. Die zwei Freunde lachen, weil die sauberen Fahrräder nun wieder schmutzig sind. Die Freunde machen eine Pause, als ein großer Bus vorbeifährt. Während er ebenfalls durch eine große Pfütze fährt, bespritzt er nun auch die anderen Jungen. Fritz und Franz stehen lachend am Straßenrand, weil sie die mit Schlamm bespritzten Freunde sehen.

Seite 97

Übung 8

1. Peter lief so schnell zur Bushaltestelle, daß er den Bus gerade noch erreichte. (Finalsatz oder Konsekutivsatz; je nach Auslegung sind beide Sinnrichtungen möglich!) 2. Susanne schrieb die Englischarbeit gut, obwohl sie nicht gelernt hatte. (Konzessivsatz) 3. Klaus fuhr mit dem Taxi nach Hause, obgleich die Busse noch fuhren. (Konzessivsatz) 4. Petra ißt ihr Essen sehr schnell, weil sie Hunger hat. (Kausalsatz) 5. Christian spart sein Taschengeld, damit er sich ein Computerspiel kaufen kann. (Finalsatz) 6. Wenn es regnet, fällt das Tennisspiel aus. (Konditionalsatz) 7. Der Lehrer mahnt Peter, daß er die Grammatikregeln übt. (Finalsatz)

Seite 98

Test

1. Ja, denn ein Satzgefüge besteht aus Haupt- und Nebensätzen, und ein Adverbialsatz ist ein Nebensatz. 2. Subjekte, Objekte, Adverbialien, manchmal auch Prädikate. 3. Grund/Zeit/Ort/ Art und Weise. 4. Ein Adverbialsatz ist ein Nebensatz, der eine Umstandsbestimmung ersetzt. 5. wobei, ohne daß, als, wie, indem. 6. wahr. 7. Ein Finalsatz ist ein Kausalsatz mit einer bestimmten Sinnrichtung (Final = Zweck/Absicht). 8. Ja. 9. „damit" und „daß". 10. Das Prädikat (der gebeugte Teil) steht in einem Adverbialsatz immer an letzter Stelle. 11. Sie nehmen den Platz der ursprünglichen Umstandsbestimmung ein. 12. Nein. 13. Ja, „so daß" leitet hier eine Folge ein. 14. Umstandsbestimmung der Zeit.

Seite 101

Übung 9

... „Deshalb müßt ihr uns helfen: Unsere Stadt und deren Einwohner sind verflucht. Nur an vier Tagen im Jahr wird unsere Stadt, die ansonsten unsichtbar ist, für andere Menschen sicht-

bar. Ein böser Magier, der hinter den Bergen lebt, sprach diesen Fluch vor Jahrhunderten aus. Seitdem warten wir auf tapfere und redliche Männer, die uns von diesem Fluch erlösen. Euer Lohn wird Gold und Silber sein, das in unserer Stadt keinen Wert hat." Schweigend saßen MacCool und die anderen Wikinger da und vergaßen ihren großen Hunger. „Aber wie können wir euch von diesem Fluch, der euch auferlegt ist, befreien?" fragte Zotan. „Ein Kind, das tapfer und klug ist, muß zum Zauberer gesandt werden", antwortete der König der Stadt. „Dieses Kind muß drei Fragen richtig beantworten. In unserer Stadt gibt es seit Jahrzehnten keine Kinder mehr, so daß wir schon alle Hoffnung, die wir hatten, aufgegeben haben." „Und ihr verlangt von mir, daß ich meinen Sohn MacCool schicke?" fragte Zotan erbost. „Vater, Vater", rief MacCool. „Laß mich gehen, ich möchte diesen Menschen helfen. Die drei Fragen können gar nicht so schwer sein, daß ich sie nicht beantworten kann. Ich bin regelmäßig in die Schule gegangen, und ich weiß mehr, als du glaubst." Als MacCool dies sagte, war ihm selber nicht ganz wohl in seiner Haut. Was war, wenn er die Fragen, die der böse Zauberer stellte, nicht beantworten konnte? Zotan überlegte lange. Die ältesten Wikinger und der König zogen sich in einen Raum, der an den Saal grenzte, zurück. Nach vier Stunden, die MacCool viel länger vorkamen, erschienen sie alle wieder im Saal. „Nun gut", sprach Zotan, „wenn du dir deiner Sache ganz sicher bist, lasse ich dich gehen. Drei Männer werden dich zu deiner Sicherheit begleiten. Wenn du bis heute abend nicht zurück bist, werden wir Wikinger dem Zauberer zeigen, was es bedeutet, sich mit Wikingern anzulegen."
MacCool, der gar nicht damit gerechnet hatte, daß sein Vater zustimmen würde, war es nun plötzlich ganz mulmig geworden. Doch jetzt mußte er die Suppe, die er sich eingebrockt hatte, auch auslöffeln. Alle Wikinger verabschiedeten MacCool und seine drei Begleiter vor dem Stadttor. Ganz verstohlen wischte sich Zotan eine Träne von der Wange. ...

Seite 102

Übung 10

1. Relativpronomen = die = Nominativ Singular.
2. Relativpronomen = den = Akkusativ Singular.
3. Relativpronomen = der = Dativ Singular.
4. Relativpronomen = der = Dativ Singular.
5. Relativpronomen = das = Nominativ Singular.
6. Relativpronomen = den = Akkusativ Singular.
7. Relativpronomen = dessen = Genitiv Singular.

Übung 11

So könnten deine Antworten aussehen:
1. ..., der den Mond betrat. 2. ..., der Amerika entdeckte. 3. ..., der Obelix gehört. 4. ..., die im Mittelmeer liegt. 5. ..., der in Wimbledon gewann. 6. ..., die aus England und den Niederlanden kommt.

Seite 103

Übung 12

1. Schulhefte, die in der Klasse zurückbleiben, sammelt der Lehrer ein. (Akkusativobjekt)
2. Der Lehrer lobt den Schüler, den er gestern noch ermahnte. (Akkusativobjekt) 3. Dies ist eine Übung, bei der du dein Wissen überprüfen kannst. (Subjekt) 4. Mutter besucht ihre alte Schulfreundin, die sie seit zehn Jahren nicht gesehen hat. (Akkusativobjekt) 5. MacCool, der nun Angst hatte, ging mit drei Wikingern zum Zauberer, der hinter den Bergen lebte. (Subjekt und Dativobjekt) 6. Der Arzt untersuchte den Arm, den sich der Mann gebrochen hatte. (Akkusativobjekt).

Übung 13

1. MacCool fährt mit seinem Vater, der Häuptling der Wikinger ist, auf Entdeckungsreise.
2. Das Schiff hat große Segel und viele Ruderer,

die kräftig sind. 3. MacCool, der der klügste der Wikinger ist, soll die Fragen des Zauberers beantworten. 4. Der Zauberer lebt in einer großen Burg, die hinter den Bergen liegt.
5. Diese Übung, die nicht schwer ist, kannst du bestimmt.

Seite 104

Test 1

1. Der Briefträger, der nicht wußte, wo er klingeln sollte, nahm den Brief wieder mit.
2. Borussia Dortmund wurde Deutscher Meister, nachdem sie den HSV mit 2:0 besiegt hatte. 3. Wenn im Sommer, wo es heiß und trocken ist, die Menschen, die ansonsten in den Städten leben, die dann wie leer wirken, sich in die Autos setzen und den Weg in die Freibäder ansteuern, wo man dann keinen Fuß vor den anderen setzen kann, ist es wieder Urlaubszeit.
4. Bevor Mutter in die Stadt geht, die am Samstag immer voller Leute ist, geht sie zur Bank, damit sie genügend Geld hat. 5. Das schnellste Tier, das ich kenne, ist der Gepard. 6. Wenn MacCool die richtigen Antworten weiß, kann er die Stadt, die von einem Zauberer verflucht ist, befreien. 7. Peter kommt zu spät zur Schule, weil er heute morgen verschlief. 8. Ich mache diese Übung, damit ich etwas lerne.

Seite 105

Test 2

1. IF / 2. IF / 3. RS / 4. RS.
1. Christian spart sein ganzes Taschengeld, weil er sich einen Computer kaufen will. (... damit er sich einen Computer kaufen kann.) 2. MacCool geht heute nicht in die Schule, weil er krank ist.
3. MacCool kam ins Klassenzimmer der Wikingerschule, als es gerade schellte. 4. Heute macht die Klasse einen Ausflug, der in die Berge geht. 5. Weil Zotan ein mutiger Krieger ist, ist er seit vielen Jahren Häuptling der Wikinger.

Seite 106

Test 3

1. Eine Satzreihe ist eine Verbindung von zwei oder mehr Hauptsätzen. (Gehört nicht zum Thema „Nebensätze"!)
2. Das Prädikat (gebeugter Teil) steht an letzter Stelle. Ein Nebensatz kann nicht alleine stehen.
3. Nebensätze, die durch ein Pronomen oder durch eine Konjunktion eingeleitet werden.
4. Einen indirekten Fragesatz kann man, ohne den Sinn zu verändern, in eine direkte Frage umwandeln, einen Relativsatz nicht.
5. Bindewort.
6. Die Kombination von Haupt- und Nebensätzen gibt der Sprache mehr Spannung und Lebendigkeit.
7. Subjekte, Objekte, Adverbialien, manchmal auch Prädikate.

Seite 107

Test 4

1. MacCool lief vor dem Bären davon, weil er Angst hatte. (Das Prädikat steht in einem Nebensatz an letzter Stelle.)
2. Eine Zaubervorstellung von David Copperfield, bei der auch Claudia Schiffer anwesend war, fand in Dortmund statt. (Der Relativsatz muß direkt hinter dem Bezugswort stehen.)
3. Obwohl MacCool verschlief, kam er rechtzeitig zur Schule. (Verwendung einer falschen Konjunktion, so daß die inhaltliche Beziehung zwischen Haupt- und Nebensatz nicht richtig ist.)
4. MacCool darf heute nicht in die Schule, weil er zu Hause bleiben muß. (vgl. Satz 1)
5. Das Konzert von Caught in the Act, das gestern stattfinden sollte, fiel aus. (Falsche Beziehung von Haupt- und Nebensatz; falscher Ausdruck: stattgefundene!)
6. MacCool lief weg, nachdem er den Bären gesehen hatte. (Das Wörtchen „weg" gehört zum Prädikat des Hauptsatzes.)

Abschlußtest

Seite 108

Test 1

... Nach einer Stunde näherten sie sich den Bergen. Obwohl MacCool und seine Begleiter schon sehr müde waren, überquerten sie die Berge und sahen plötzlich ein riesiges, furchteinflößendes Schloß vor sich. Laut erhob sich eine Stimme, die aus dem Schloß kam: „Komm nur herein, mein kleiner Wikinger! Ich habe lange auf dich gewartet. Tritt durch das große Tor, aber laß deine Begleiter vor dem Schloß warten!" Nun könnt ihr euch bestimmt vorstellen, wie MacCool zumute war. Plötzlich verließ ihn doch aller Mut. Er sollte alleine zum bösen Zauberer. Aber konnte er die armen Menschen, die in der verwunschenen Stadt lebten, einfach enttäuschen? Nein, er nahm sein Herz in die Hand, verabschiedete sich von seinen Begleitern und ging ins Schloß. Nirgendwo gab es Fenster, so daß alles dunkel war und noch furchteinflößender wirkte. Nachdem MacCool so einige Minuten ziellos durch das Schloß geirrt war, kam er in einen großen Raum, der von Kerzen beleuchtet war. Mitten in diesem Raum stand ein großer Sessel, auf dem der Zauberer saß. Er hatte langes, weißes Haar, einen Bart und trug ein langes Gewand. „Tritt nur näher", sprach er, als er MacCool erblickte. „Du meinst, daß du meine Fragen beantworten kannst? Nur so kann der Zauber, der auf der Stadt liegt, aufgehoben werden." MacCool war froh, daß er immer in der Schule gewesen war. Dort hatte er alles fleißig gelernt. Konnte der Zauberer noch so viele Fragen stellen, er war sich sicher, daß er sie beantworten konnte. „Bist du bereit?" fragte der Zauberer. MacCool nickte, und der Zauberer stellte seine erste Frage: „Wie lautet die Frage nach dem Akkusativobjekt?" Erleichtert atmete MacCool auf. Das schien ja ganz einfach zu sein. „Die Frage nach dem Akkusativobjekt lautet: Wen oder was?" Der Zauberer wurde ganz bleich im Gesicht, als er merkte, daß MacCool in der Schule aufgepaßt haben mußte. „Die zweite Frage kannst du bestimmt nicht beantworten. Was sind Pronomen?" MacCool wurde immer mutiger, denn auch diese Frage stellte ihn vor keinerlei Probleme. Hatte er Pronomen doch in der Woche vor seiner Abreise in der Schule durchgenommen. „Pronomen sind Fürwörter", antwortete MacCool selbstbewußt.

Als MacCool auch die zweite Frage richtig beantwortete, wurde der Zauberer zornig. Sollte es wirklich jemanden geben, der in der Schule aufgepaßt hatte? Doch die dritte Frage sollte so schwer sein, daß sie keiner beantworten konnte. „Was sind die Unterschiede zwischen Haupt- und Nebensätzen?" fragte der Zauberer mit lauter Stimme. Und nun stutzte MacCool. Er wußte, daß sie dieses Thema schon in der Wikingerschule besprochen hatten. Doch ihm fiel einfach nicht die Lösung ein. An dieser Stelle müßt ihr MacCool helfen. Gebt die richtige Antwort: In Nebensätzen steht das Prädikat an letzter Stelle, sie sind nicht für sich alleine verständlich und können somit auch nicht alleine stehen. In Hauptsätzen hingegen steht das Prädikat immer an zweiter Stelle, sie sind für sich alleine verständlich und können somit auch alleine stehen.

In dem Augenblick, als der Zauberer die richtige Antwort hörte, gab es einen lauten Knall, und der Zauberer und sein Schloß waren verschwunden. MacCool und die tapferen Wikinger, die draußen vor dem Tor gewartet hatten, standen wieder mitten in der Stadt. Glücklich rannten sein Vater und die Einwohner auf MacCool zu. Alle strahlten vor Glück und hoben unseren kleinen Wikingerjungen auf ihre Schultern. Sie trugen ihn wieder in den Festsaal, und dort feierten die Wikinger und die Einwohner ein großes Freudenfest. Seitdem wird jedes Jahr

dieser Tag gefeiert, weil die Bewohner MacCool, dem kleinen Wikinger, für ihre Befreiung von dem Zauberer danken wollen.
Daß ihr MacCool ein kleines bißchen geholfen habt, erfuhr keiner.

Seite 110

Test 2

Subjekt: Satzgegenstand
Substantiv: Hauptwort
Prädikat: Satzaussage
Pronomen: Fürwort
Präposition: Verhältniswort
Verb: Zeitwort
Adjektiv: Eigenschaftswort
Attribut: Beifügung
finite Verbform: gebeugte (konjugierte) Verbform
Plural: Mehrzahl
Deklination: Beugung
maskulin: männlich
Artikel: Begleiter

Seite 111

Test 3

1.

Gestern	besuchte	Frank	seine Großmutter	in Frankfurt.
Adverbiale der Zeit	Prädikat	Subjekt	Akkusativobjekt	Adverbiale des Ortes

2.

Frank	fand	das Haus	seiner Großmutter	nicht sofort.
Subjekt	Prädikat	Akkusativobjekt	Genitivattribut	Adverbiale der Zeit

3.

Seine Großmutter	schaute	aus dem großen Wohnzimmerfenster	des schönen Hauses.
Subjekt	Prädikat	Adverbiale des Ortes	Genitivattribut

4.

Plötzlich	sah	sie	Frank	um die Straßenecke	an der Litfaßsäule	kommen.
Adverbiale der Zeit	Prädikat	Subjekt	Akkusativobjekt	Adverbiale des Ortes	Adverbiale des Ortes	Prädikat

5.

Freudig	öffnete	sie	ihm	die Haustür;	sie	begrüßte	ihn	herzlich.
Adverbiale der Art und Weise	Prädikat	Subjekt	Dativobjekt	Akkusativobjekt	Subjekt	Prädikat	Akkusativobjekt	Adverbiale der Art und Weise